New

가나다 ®

KOREAN

for Foreigners

WORKBOOK

고급

2

한글파크

교재 집필   가나다한국어학원 교재 연구부

New 가나다KOREAN WORKBOOK - 고급 2

초판발행	2018년 10월 10일
2쇄 발행	2024년 6월 10일

저자	가나다한국어학원 교재 연구부
펴낸이	엄태상
편집	권이준, 김아영
디자인	이건화
조판	이서영
콘텐츠 제작	김선웅, 장형진
마케팅본부	이승욱, 왕성석, 노원준, 조성민, 이선민
경영기획	조성근, 최성훈, 김다미, 최수진, 오희연
물류	정종진, 윤덕현, 신승진, 구윤주

펴낸곳	한글파크
주소	서울시 종로구 자하문로 300 시사빌딩
주문 및 교재 문의	1588-1582
팩스	0502-989-9592
홈페이지	http://www.sisabooks.com
이메일	book_korean@sisadream.com
등록일자	2000년 8월 17일
등록번호	제300-2014-90호

ISBN	978-89-5518-915-5 14710
	978-89-5518-916-2 (set)

머리말

〈New 가나다KOREAN WORKBOOK〉은 〈New 가나다KOREAN〉으로 한국어를 공부하는 분들의 학습을 돕기 위해 출판된 책입니다.

〈New 가나다KOREAN〉은 말하기와 듣기, 읽기 영역의 능력을 고루 높일 수 있도록 구성되었습니다. 〈New 가나다KOREAN WORKBOOK〉은 쓰기 연습을 통해 배운 문법과 어휘를 정확하게 이해했는지 확인할 수 있게 하였습니다.

어휘와 표현 부분은 각 과의 주요 단어의 의미와 사용법을 확인하는 문제와 함께 어휘를 확장시켜 어휘력을 기를 수 있는 문제들로 구성되었습니다. 그리고 유형 연습 부분은 다양한 형태의 문장 만들기와 대화 만들기 연습을 함으로써 정확한 이해와 더불어 사용하는 데에 익숙해질 수 있도록 하였습니다.

과마다 연습 문제가 있고 여섯 과가 끝날 때마다 복습 문제가 있어서 여섯 과의 내용을 종합하여 다시 검토할 수 있으며, 혼자 공부하는 학생은 뒤에 실린 해답을 보고 스스로 확인할 수 있습니다.

〈New 가나다KOREAN WORKBOOK〉을 통하여 〈New 가나다KOREAN〉으로 공부하는 여러분의 한국어 실력이 더욱 향상되기를 바랍니다. 또한 한국어에 관심을 갖고 공부하는 분들께 도움이 될 수 있도록 저희 가나다한국어학원 교재 연구부는 앞으로도 계속하여 한국어 교재 개발에 힘쓸 것을 약속드립니다.

저희 교재를 사랑해 주시는 많은 분들께 감사드리며, 이 책을 출판할 수 있도록 도와주신 한글파크에도 감사드립니다.

가나다한국어학원 교재 연구부

목차

목차

제1과 -다시피 -치고

어휘와 표현

1. 밑줄 친 말과 바꾸어 쓸 수 있는 단어를 골라 알맞게 쓰십시오.

> 드물다   무궁무진하다   사납다   생소하다

1) 처음 한국말을 배울 때는 글자부터 문법까지 너무 친숙하지 않고 낯설어서 힘들었어요.

2) 예전에 비하면 스마트폰을 통해 개인이 접하는 정보는 한없이 많다고 할 수 있다.

3) 그 배우는 눈매가 날카롭고 좀 거칠고 무섭게 생겨서 주로 범죄자 역할을 맡아 왔다.

4) 마틴 씨 같은 서양 분이 사자성어까지 알고 사용하는 것은 정말 흔하지 않은 일이에요.

2. '-거리다(-대다)'를 붙여서 알맞게 써 넣으십시오.

> 꿈틀   낄낄   으르렁   출렁   휘청

1) 아이들 여럿이 모여 있으면 뭐가 그리 재밌는지 (   )느라 정신없다.

2) 우리 집 개와 옆집 개는 만났다 하면 서로 원수처럼 (   )(느)ㄴ다.

3) 키가 2미터가 넘는 친구가 걸어올 때 보면 (   )(으)ㄴ/는 느낌이 들 정도다.

4) 살아 있는 낙지는 칼로 토막을 내도 한참 동안 (   )아/어요.

5) 배 위에서 (   )(으)ㄴ/는 파도를 바라보고 있으니까 좀 어지럽더라고요.

3. '-답다'를 써서 보기와 같이 알맞게 바꾸십시오.

> 보기 선생님은 이 시대 손꼽을 만한 (학자)로 존경을 받았다. → 학자다운 학자

1) 진짜 맛있게 먹었어요. 매일 편의점 음식만 먹었는데 모처럼 (식사)를 한 것 같아요.

2) 이 영화는 상업성이 짙은 영화들 틈에서 빛을 발하는 (영화)라는 평을 받았다.

3) 그는 전쟁을 승리로 이끌고 전우애와 희생정신도 남달랐던 (군인)이었다고 할 수 있다.

4. 다음 문장을 보기와 같이 바꿔 쓰십시오.

> 보기 시험 기간에는 집에 안 들어가고 도서관에서 사는 것과 같다.
> → 시험 기간에는 집에 안 들어가고 도서관에서 살다시피 해요.

1) 그 나라는 오랜 전쟁으로 국토의 대부분이 폐허가 되었다.

→ _____

2) 지난주는 공휴일이 3일이나 있었고 거래처들도 쉬어서 거의 놀았다.

→ _____

3) 부모님 두 분이 가게를 하셔서 살림은 큰딸이 한다고 할 수 있다.

→ _____

4) 한국어를 정식으로 배운 건 없고 거의 독학했다고 할 수 있어요.

→ _____

5) 집 앞 빙판길에서 넘어졌는데 움직일 수가 없어서 거의 기어서 왔어요.

→ _____

5. 다음 문장을 보기와 같이 바꿔 쓰십시오.

> 보기 아시는 것처럼 한국어에는 맛이나 색을 나타내는 단어가 굉장히 많아요.
> → 아시다시피 한국어에는 맛이나 색을 나타내는 단어가 굉장히 많아요.

1) 너도 알잖아. 내가 요즘 논문 준비 때문에 눈코 뜰 새가 없단다.

→ _____

2) 보고 계신 것처럼 현재 공사가 계획대로 진행되고 있습니다.

→ _____

3) 늘 강조해서 말했지만 외국어를 공부하는 데는 왕도가 없다는 거죠.

→ _____

4) 언론을 통해 보도가 되었지요? 지방선거 투표일이 1주일 연기되었습니다.

→ _____

6. 다음 문장을 보기와 같이 바꿔 쓰십시오.

> 보기 외국어 발음이 좋은 사람은 거의 대부분 말하기도 잘한다.
> → 외국어 발음이 좋은 사람치고 말하기를 못하는 사람을 못 봤어요.

1) 신선한 재료가 많이 들어간 음식은 맛있다.

→ _____

2) 남에게 인색하게 굴면서 돈 버는 사람은 끝에 가서 잘되지 않는다.

→ _____

3) 그 코미디언이 출연한 프로는 항상 시청률이 높게 나온다.

→ _____

4) 한국어를 공부하는 외국인이라면 한번쯤은 도중에 어려움을 겪는다.

→ _____

5) 말로만 큰소리 치는 사람은 일을 제대로 하지 않는다.

→ _____

7. 보기와 같이 대화를 완성하십시오.

> 보기 가: 우리는 사귄 지 오래 됐는데 티격태격 다투는 편이야.
> 나: 오래 된 커플치고 다투지 않는 커플이 어디 있겠어?

1) 가: 그 사람은 갑자기 돈방석에 앉아서 그런지 태도가 겸손하지 않은 거 같아.

나: 갑자기 부자 된 사람치고 _____?

2) 가: 주혁이는 목소리는 큰데 마음은 여린 거 같아요.

나: _____ 악한 사람 없다고 하잖아요.

3) 가: 요즘 십대들이 하는 농담에는 비속어가 많이 들어가지?

나: _____

4) 가: 그 회사는 대기업이라서 그런지 사원 복지가 잘 되어 있나 봐.

나: _____

어휘와 표현

1. 밑줄 친 말과 비슷한 의미의 단어를 골라 쓰십시오.

> 가뜩이나   걸핏하면   순식간에

1) 피자 두 판을 아이들 세 명이서 <u>눈 깜짝할 사이에</u> 먹어 치우더라고요.

2) 한국말 듣기가 <u>안 그래도</u> 어려운데 신조어나 줄임말을 알아듣기는 정말 어렵다.

3) 말을 재미있게 하는 건 좋지만 <u>툭하면</u> 농담처럼 말을 던지는 건 상대방을 당황스럽게 할 수가 있어요.

2. 알맞은 단어를 골라 넣으십시오.

> 비속어   어감   예의   품격

1) 재산의 많고 적음이나 지위의 높고 낮음이 사람의 (   )와/과 관계가 있는 것은 절대 아니에요.

2) 이 채팅방에서 남을 비방하는 말이나 (   )을/를 사용하면 강제 퇴장당합니다.

3) 어릴 때부터 (   ) 바른 말과 행동이 몸에 배도록 가르치는 것이 좋아요.

4) 같은 의미의 말이라도 말투나 억양에 따라 (   )이/가 달라지니까 조심해야 한다.

3. 밑줄 친 말과 바꿔 쓸 수 있는 단어를 골라 알맞게 쓰십시오.

> 떨치다   소외되다   어이가 없다   튀어나오다   퍼지다

1) 서울에서 살면서 사투리를 안 쓰는데 나도 모르게 사투리가 <u>불쑥 나올</u> 때가 있어요.

2) 뭔가 불길한 생각이 자꾸 들 때에는 강하게 <u>몰아내</u> 버리려고 노력하세요.

3) 이래 봬도 베테랑인데 까마득한 후배한테 졌다는 게 너무 뜻밖이어서 <u>기가 막힌다니까</u>.

4) 전염병이 전국에 <u>확산되는</u> 것을 막기 위한 긴급 대책이 필요합니다.

5) 어떤 그룹에서 쓰는 말들을 혼자만 못 알아들으면 <u>따돌림당하는</u> 느낌을 갖게 된다.

4. 다음 문장을 보기와 같이 바꿔 쓰십시오.

> 보기 아까 TV를 보는데 모르는 말이 나와서 인터넷을 찾아봤더니 신조어라고 한다.
> → 아까 <u>TV를 보는데 모르는 말이 나오길래 인터넷을 찾아봤더니 신조어라고 한다.</u>

1) 동료가 요 며칠 너무 힘들어해서 병이라도 날까 봐 일을 대신해 주었다.

　→ _____

2) 지난주에 만든 찜닭을 친구들이 잘 먹어서 또 했는데 맛이 없게 된 거 같다.

　→ _____

3) 후배가 알려 준 줄임말이 재미있어서 일부러 카톡방에서 그 말을 사용해 봤다.

　→ _____

4) 과일 가게 주인이 계속 사라고 해서 사 왔는데 너무 많이 샀나 보다.

　→ _____

5. 보기와 같이 대화를 완성하십시오.

> 보기 가: 수능 시험 결과가 나왔는데 도저히 아무 데도 갈 대학이 없겠어.
> 나: 잘 본 것 같다더니 도대체 성적이 어떻게 나왔길래 그러는 거야?

1) 가: 어제 회사 모임에서 안 좋은 이야기를 들었어. 앞으로 계속 다녀야 할지.

　나: _____ ?

2) 가: 이번 달 카드 사용료가 어마어마하게 나왔네. 이거 내고 나면 파산이다.

　나: _____ ?

3) 가: 내일 오기로 한 사람들이 푸짐하게 먹으려면 고기를 10kg은 사야겠어.

　나: _____ ?

4) 가: 저녁에 어디 좀 가야 되는데 지금부터 준비해야 하니까 먼저 들어갈게.

　나: _____ ?

5) 가: 실은 어제 과장님한테 엄청 꾸중 들었어. 다 내 잘못이라 고개를 못 들겠어.

　나: _____ ?

-지 않겠어요? -지 않았겠어요?

6. 보기와 같이 문장을 바꿔 쓰십시오.

> 보 기 새로 나온 유행어를 못 알아들었더니 후배가 세대 차이를 느낀다고 한다.
> → 새로 나온 유행어를 못 알아들었더니 후배가 세대 차이를 느낀다고 하지 않겠어요?

1) 신호등 앞에 서 있는데 돈 봉투 같은 게 떨어져 있다.

   → _____

2) 아버지한테 안마를 해드렸더니 너무 시원하다며 돈을 주신다.

   → _____

3) 동료한테 조언을 구하니까 나보고 이 분야를 모르는 것 같다며 무시한다.

   → _____

4) 이래 봬도 고등학교 때 전국체육대회에 경기도 대표로 출전을 했다.

   → _____

5) 이런 일이 일어날 줄 알고 미리미리 대비책을 다 세워 놓았다.

   → _____

7. 보기와 같이 대화를 완성하십시오.

> 보 기 가: 지난주에 중학교 동창 송년 모임에 갔다 왔지? 재미있어?
> (응, 경품을 나눠 주는데 내가 1등에 당첨돼서 노트북을 탔다)
> 나: 응, 경품을 나눠 주는데 내가 1등에 당첨돼서 노트북을 타지 않았겠어? 어찌나 좋던지.

1) 가: 그 사람이 뭐라고 했길래 다툰 건지 말해 봐요. (지난 일을 가지고 트집을 잡다)

   나: _____? 기분이 상해서 그만.

2) 가: 어젯밤에 천둥 번개 칠 때 혼자 있어서 무섭지 않았어? (번개가 번쩍하더니 불이 꺼지다)

   나: _____? 무서워서 소리를 질렀다니까.

3) 가: 어제 팬클럽 모임에 가고 싶었는데 못 갔네. 어땠어? (악수도 하고 얘기도 나눴다)

   나: _____? 너도 꼭 왔어야 되는데.

4) 가: 이 문제를 1분 안에 풀면 뇌가 아주 젊은 거라는데 나는 안 되더라. 너는? (아까 해 봤는데 55초에 풀었다)

   나: _____? 대단하지?

12

어휘와 표현

1. 밑줄 친 말과 비슷한 의미의 단어를 골라 쓰십시오.

> 고스란히   까딱   다짜고짜

1) 한국어의 레벨이 올라갈수록 단어나 문법을 조금이라도 잘못 사용하면 무슨 말인지 모르는 경우가 있다.

2) 진우가 나를 보자마자 설명도 없이 덮어놓고 화를 내며 어제 일을 따지는데 무섭더라고.

3) 지금까지 월급 이외의 보너스, 성과급은 하나도 안 건드리고 그대로 저축했어요.

2. 밑줄 친 말과 비슷한 의미의 단어를 골라 알맞게 쓰십시오.

> 거북하다   드러나다   씁쓸하다   진솔하다

1) 거래처와의 일이 중간에 이상하게 꼬여 버려서 좀 유쾌하지 않은 기분이 드네요.

2) 정 선배는 후배들에게 존댓말을 쓰는데 가끔 듣기가 불편하고 어색할 때가 있어.

3) 사람의 속마음은 감추려고 해도 어쩔 수 없이 겉으로 나타나 보이는 거 같다.

4) 그분은 인터뷰를 통해 그간의 모든 일들을 거짓 없이 솔직하게 이야기했습니다.

3. 알맞은 속담을 사용해서 대화를 완성하십시오.

> 고생 끝에 낙이 온다   수박 겉 핥기   중이 제 머리 못 깎는다   짚신도 짝이 있다

1) 가: 제 직업은 상담 치료사인데 막상 우리 집 아이들과 관계가 그다지 안 좋아요.

   나: _____

2) 가: 엄마, 내일 세 과목 시험 보는데 빨리 공부하고 놀러 나가면 안 돼요?

   나: _____

3) 가: 노총각으로 늙어가는 내 신세가 처량하다. 가진 것도 없고 결혼하기 틀린 것 같다.

   나: _____

4) 가: 작은 어선으로 생계를 이끌어 가기 힘들었는데 아이들도 고맙게 잘 커서, 요즘 같아선 살 만해요.

   나: _____

4. 보기와 같이 (   ) 안의 말을 바꿔 쓰십시오.

> 보기 공부하는 게 재미없어서 선생님이 주신 과제를 (제대로 하지 않았다).
> → 하는 둥 마는 둥 했다.

1) 자는데 화재경보기가 울려서 옷을 (제대로 입지 못하고) 뛰어나갔어요.

   → _____

2) 동생은 내 이야기를 (듣는 건지 안 듣는 건지) 건성으로 고개만 끄덕이고 나갔다.

   → _____

3) 1년에 책을 두세 권 (읽을까 못 읽을까) 하는 정도인 거 같아요.

   → _____

4) 어제는 머릿속이 복잡해서 밤새 뒤척이고 잠을 (제대로 못 잔 것 같다).

   → _____

5. 보기와 같이 대화를 완성하십시오.

> 보기 가: 아이들한테 청소를 시키면 깨끗하게 잘하나요?
> 나: 웬걸요. 청소하는 둥 마는 둥 하고 놀러 나가 버리죠, 뭐.

1) 가: 동료한테 도움을 요청한다더니 어때? 네 말을 들어줄 것 같아?

   나: 아니, 내가 사정을 설명하고 간곡히 부탁도 했는데 _____

2) 가: 아침에 바빠서 화장을 못하고 나왔네.

   나: 나는 화장은커녕 세수도 _____

3) 가: 민준이는 무슨 일이 있나? 밥 먹다가 급히 나가네.

   나: 무슨 일인지 친구랑 카톡을 하더니 밥을 _____

4) 가: 선생님이 하루에 단어를 50개씩 외워야 합격할 수 있다는데 가능할까?

   나: 50개라니. 하루에 20개도 _____

5) 가: 힘들어서 더 이상은 못하겠어. 한숨 자고 나서 하면 안 될까?

   나: 밤을 새워도 _____

6. 보기와 같이 문장을 바꿔 쓰십시오.

> 보기 가방을 잠그지 않고 그렇게 열고 다니다가는 소매치기 당한다.
> → 가방을 잠그지 않고 그렇게 열고 다니다가는 소매치기 당하기 십상이다.

1) 그 도시의 골목길은 미로처럼 되어 있어서 까딱하면 길을 잃고 헤맨다.

→ _____

2) 조건을 잘 따져보지 않고 사업을 시작했다가는 손해를 본다.

→ _____

3) 끝까지 마무리를 하지 않으면 열심히 해 온 일들이 흐지부지 된다.

→ _____

4) 운동장에 돌멩이가 많아서 아이들이 뛰다가 넘어져 다치겠다.

→ _____

5) 그 일은 근무 시간이 들쭉날쭉 일정하지가 않아서 오래 일하다가는 몸 버리겠다.

→ _____

7. 보기와 같이 대화를 완성하십시오.

> 보기 가: 수영이는 소개받은 사람의 첫인상이 좋아서 호감이 간다고 하더라. (나중에 실망하다)
> 나: 첫인상만 가지고 판단하다가 나중에 실망하기 십상인데.

1) 가: 주식 시장에 관한 지식은 없지만 요즘 오름세 같아서 투자해 보려고. (돈 날리다)

나: 아무 지식도 없이 시작했다가 _____

2) 가: 외국에서 살 때는 그 나라의 문화와 풍습을 알고 따라야 할 거 같아요. (손가락질 당하다)

나: 물론이죠. 제멋대로 행동하다가는 _____

3) 가: 인터넷에서 본 유머가 재미있어서 다음 회식 때 사람들 앞에서 해보려고. (분위기 썰렁해지다)

나: 눈치 없이 했다가 _____

4) 가: 우리 누나는 아이를 바르게 키우려 하지 않고 오냐오냐 해 주는 거 같아. (아이 버릇 나빠지다)

나: 그런 식으로 키우면 _____

어휘와 표현

1. 알맞은 단어를 고르십시오.

1) 요즘 바빠서 쉬지도 못하고 피곤해서 그런지 피부가 (푸석푸석해요 / 푹신푹신해요).

2) 살짝 잠이 들었는데 옆에서 (바스락거리는 / 반짝거리는) 소리에 잠이 깨었습니다.

3) 좋아하는 사람 앞에만 가면 가슴이 (두근거리고 / 똑딱거리고) 떨려서 제대로 말을 할 수 없습니다.

4) 저는 사람들과 관계가 불편해지면 너무 힘들어요. 그래서 주위 사람들과 잘 지내야 한다는 (무기력감 / 강박 관념)이 생긴 것 같아요.

5) 연예인들은 자신의 인기가 한순간에 사라질지도 모른다는 (공포 / 집착)에 불안해합니다.

2. 다음 내용과 관계있는 단어를 고르십시오.

| 공황장애 | 불면증 | 우울증 | 조울증 | 폐쇄공포증 |

1) 마음이 늘 불안하고 슬프고 활기가 없습니다. 밖에 나가기도 싫고 사람을 만나기도 싫고 뭔가 하고 싶다는 의욕도 없습니다. (   )

2) 막힌 공간에 있으면 불안하고 두려워서 숨이 막힐 것 같습니다. 긴 터널을 지나갈 때도 힘들고, 비행기도 무서워서 못 탑니다. (   )

3) 특별한 이유 없이 극도로 불안해져서 호흡곤란을 일으키고 흉통 등으로 죽을 것 같은 고통을 경험하기도 합니다. (   )

4) 감정의 기복이 심합니다. 어떤 때는 지나치게 흥분된 상태로 활기가 있고 어떤 때는 지나치게 억제된 상태로 가라앉아 있습니다. (   )

5) 밤에 잠을 잘 못 자요. 밤을 꼬박 새울 때도 있고 간신히 잠이 들어도 깊은 잠을 못 자니까 자주 깨요. (   )

-거니와   -(으)려니와

3. 다음 문장을 보기와 같이 바꿔 쓰십시오.

> 보기 주말에 날씨도 안 좋았고 특별히 하고 싶은 것도 없어서 집에 있었어요.
> → 주말에 날씨도 안 좋았거니와 특별히 하고 싶은 것도 없어서 집에 있었어요.

1) 업무량도 많고 동료 간의 경쟁도 치열해서 회사 생활이 생각보다 힘들어요.

   → _____

2) 원래 술도 좋아하지 않고 술자리도 별로 없어서 마실 기회가 거의 없습니다.

   → _____

3) 그 배우는 외모도 멋지지만 매너가 좋기로 소문이 났어요.

   → _____

4) 오래전부터 불면증이 있었고 최근에 우울증 증세를 보여서 입원했다고 합니다.

   → _____

> 보기 그동안 잘 먹지도 못했을 것이고 과로를 해서 병이 난 것 같아요.
> → 그동안 잘 먹지도 못했으려니와 과로를 해서 병이 난 것 같아요.

5) 그 팀은 실력도 좋을 것이고 운도 좋아서 결승까지 올라간 것 같다.

   → _____

6) 새로 나온 약은 비싸기도 하겠고 부작용이 생길 위험도 있습니다.

   → _____

4. 다음 대화를 완성하십시오.

1) 가: 요가를 배우면 어떤 점이 좋아요? (몸도 단련시켜 주고 정신 건강에도 도움이 돼요.)

   나: _____

2) 가: 그 사람은 왜 사업에 실패했나요? (자금도 넉넉지 않았을 것이고 처음이라 경험도 부족했어요.)

   나: _____

3) 가: 그 사람은 술을 너무 마셔서 건강에 문제가 생긴 것 같아요. (술뿐만 아니라 불규칙한 식생활도 문제예요.)

   나: _____

5. 다음 문장을 보기와 같이 바꿔 쓰십시오.

> 보기 이 선수가 키는 좀 작지만 실력은 남보다 뒤떨어지지 않아요.
> → 이 선수가 키는 좀 작을지언정 실력은 남보다 뒤떨어지지 않아요.

1) 사회가 많이 변했다고 해도 소중한 가치가 쉽게 변하는 것은 아니에요.

→ _____

2) 삶이 고되고 힘들어도 불의와 타협하지 말고 항상 바르고 정의롭게 살아야 한다.

→ _____

3) 그는 한때 슬럼프에 빠져 방황을 했지만 이제는 남부럽지 않은 선수로 성장했다.

→ _____

4) 선배로서 능력은 부족하지만 후배들을 아끼는 마음은 크답니다.

→ _____

5) 다이어트를 하지는 못하더라도 야식까지 먹어 대니 살이 빠질 수가 없어요.

→ _____

6. (   ) 안의 말을 인용하여 다음 대화를 완성하십시오.

1) 가: 추석에 승용차로 고향에 다녀오셨다면서요? (네, 길이 막혀서 고생은 했지만)

나: _____ 부모님을 뵙고 와서 좋았어요.

2) 가: 건강을 생각해서 새해에는 담배를 끊어 보는 게 어때요? (차라리 술을 끊지)

나: _____ 담배를 끊기는 정말 어렵습니다.

3) 가: 부모님께 한 번 더 도와달라고 해 보세요. 다른 방법이 없잖아요? (내가 사업을 접는 일이 있어도)

나: _____ 부모님의 노후자금까지 가져다 쓸 수는 없어요.

4) 가: 어제가 어머니 생신이었는데 깜빡 잊어버리고 전화도 못 했어.

(멀리 있으니 선물을 사 드리지는 못하겠지만)

나: _____ 안부 전화는 빠지지 말고 드려야지.

제5과   -다고 치다   -(으)ㄴ/는 셈이다

어휘와 표현

1. 아래 설명에 해당하는 단어를 골라 쓰십시오.

대체 의학   민간요법   수지침   식은땀   축소판

1) 손바닥이나 손등에 길이 1센티미터 정도의 짧은 침을 꽂아 치료하는 방법　　　(　　　　)

2) 몹시 긴장하거나 놀랐을 때, 또는 몸이 약해서 병적으로 나는 땀　　　(　　　　)

3) 오래전부터 사람들 사이에서 전해 내려오는 치료법　　　(　　　　)

4) 어떤 대상을 줄이거나 작게 만든 사물 혹은 공간　　　(　　　　)

5) 서양의학의 표준화된 치료 이외에 이용하는 질병 치료 방법　　　(　　　　)

2. 빈칸에 알맞은 단어를 골라 넣으십시오.

갚다   따끔하다   뚫리다   신통하다   체하다

1) 주사를 맞기 전에 긴장했는데 조금 (　　　　　　)(으)ㄹ 뿐 아프지 않았어요.

2) 점심을 급하게 먹었더니 (　　　　　　)(으)ㄴ/는 것 같은데 혹시 소화제 있나요?

3) 꽉 막혀 있던 고속도로가 밤 10시가 넘어서야 조금씩 (　　　　　　)기 시작하였다.

4) 사업 실패로 진 빚을 (　　　　　　)느라고 십여 년 동안 일만 하고 여행 한 번 못 갔어요.

5) 유명한 점쟁이라고 해서 찾아갔는데 정말 (　　　　　　)게도 나에 대해서 잘 맞혔다.

3. 밑줄 친 말과 비슷한 의미의 단어를 골라 쓰십시오.

그나저나   부랴부랴   잔뜩   진작

1) 자동차에 짐을 <u>최대한 가득</u> 싣고 사람까지 5명이 타니까 타이어가 내려앉는 것 같다.

2) <u>좀 더 일찍</u> 병원 가서 치료를 받았으면 금방 나았을 것을. 병을 키우고 있었어.

3) 곧 비가 쏟아질 것 같아서 <u>급하게 서둘러</u> 빨래를 걷었는데 다시 해가 났네.

4) 약을 먹고 나으셨다니 다행이고요. <u>어찌 됐든지</u> 다음 주에는 출근하시는 거죠?

4. 다음 문장을 보기와 같이 바꿔 쓰십시오.

> 보기 아무리 힘들다고 생각해도 지금 포기하는 건 말도 안 돼요.
> → 아무리 힘들다고 쳐도 지금 포기하는 건 말도 안 돼요.

1) 오늘 도와준 것으로 지난번 이사할 때 신세 진 것을 갚았다고 생각합시다.

→ _____

2) 어제는 차가 막혀서 늦었다고 하고 오늘은 왜 또 늦었는지 말해 보세요.

→ _____

3) 단둘이 데이트한 날을 우리 만남의 첫날이라고 정하면 오늘이 딱 100일째예요.

→ _____

4) 이미 지나간 일은 어쩔 수 없다 하더라도 이제 더 이상 실패하면 안 돼요.

→ _____

5. 다음 대화를 완성하십시오.

1) 가: 내가 제주도에 있는 리조트 회원권이 있으니까 숙소는 내가 예약해 볼게.
    (그럼 숙소는 해결됐다고 생각하고 이제 비행기 표를 알아봅시다.)

나: _____

2) 가: 요즘 저 가수가 자신을 비난하는 팬들에게 욕을 해서 문제가 되고 있어요.
    (아무리 상대방이 잘못했다고 해도 유명인이 함부로 행동하면 안 되지요.)

나: _____

3) 가: 이 가방 가격이 2만 달러이면 한국 돈으로 얼마나 될까요?
    (1달러가 1,000원쯤이라고 계산하면 2천만 원쯤 되는 것 같은데요.)

나: _____

4) 가: 뒤에서 자기들끼리 귓속말로 내 흉을 보는 거 같아 기분 나빠 죽겠어요.
    (대놓고 얘기하는 건 아니니까 못 들었다고 생각하고 마음에 두지 마세요.)

나: _____

-(으)ㄴ/는 셈이다   -(으)ㄴ/는 셈 치고

6. 다음 문장을 보기와 같이 바꿔 쓰십시오.

> 보기 어려운 일이 있을 때 서로 도와주는 이웃들이 가족이나 마찬가지예요.
> → <u>어려운 일이 있을 때 서로 도와주는 이웃들이 가족인 셈이에요.</u>

1) 이제는 치료받으러 병원에 안 와도 된다니까 거의 다 나은 거나 마찬가지예요.

→ _____

2) 도와주려다가 본의 아니게 문제를 일으켜서 방해를 한 결과가 되었네요.

→ _____

3) 교통비 2만 원만 내면 점심도 먹고 관광지도 간다니 거의 공짜라고 할 수 있다.

→ _____

4) 운동한다고 생각하고 웬만한 거리는 걸어 다니고 있어요.

→ _____

5) 의심스러웠지만 한번 속는다고 생각하고 그 친구가 하자는 대로 하기로 했어요.

→ _____

7. 다음 대화를 완성하십시오.

1) 가: 가게를 시작한 지 1년이 지났는데 어떠세요? (자리를 잡았다)

　　나: 이제 수익도 어느 정도 나고 단골도 생겼으니까 _____

2) 가: 사장님, 이렇게 싸게 팔아도 이윤이 남는 건가요? (조금 손해를 보다)

　　나: 재고가 쌓이는 것보다 나으니까 _____ 팔아요.

3) 가: 친구가 새로 시작하려는 사업에 투자하기로 하셨다면서요? (네, 도와주다)

　　나: _____ 그 친구 사업에 투자해 보기로 했어요.

4) 가: 하루에 만 보를 꼬박 걸으면 몇 킬로미터나 걷는 거지? (한 6~7킬로미터는 걷다)

　　나: 보폭에 따라 다르겠지만 _____

어휘와 표현

1. 의미가 맞는 단어를 연결하십시오.

1) 나이보다 어려 보이는 얼굴   ·   · ① 기력

2) 태어나서 죽을 때까지의 시간   ·   · ② 동안

3) 매우 활발하게 이루어짐   ·   · ③ 비결

4) 남이 잘 알지 못하는 자기만의 방법 ·   · ④ 왕성

5) 활동이 가능한 정신과 육체의 힘   ·   · ⑤ 평생

2. '속'과 같이 쓰이는 단어입니다. 알맞은 단어를 골라 쓰십시오.

> 속 보이다   속을 썩이다   속이 상하다   속이 풀리다   속이 터지다

1) 하나밖에 없는 아들이 부모 말을 안 듣고 (   )아/어서 못 살겠어요.

2) 그 친구는 자기 이익만 챙기려는 (   )(으)ㄴ/는 행동을 해서 인심을 잃었어요.

3) 설거지하다가 아끼던 그릇을 깨 버려서 너무 (   )았/었습니다.

4) 아무리 말해도 말을 듣지 않으니까 답답해서 (   )(으)ㄹ 것 같아요.

5) 술 마신 다음 날 아침에 뜨거운 국을 먹으니까 (   )(으)ㄴ/는 것 같았어요.

3. 빈칸에 알맞은 단어를 골라 쓰십시오.

> 가리다   깨닫다   삼가다   채우다

1) 이제는 다 털어놓는 게 좋을 거야. 손바닥으로 하늘을 (   )(으)ㄹ 수는 없잖아.

2) 미세먼지가 많은 날에는 될 수 있으면 외출을 (   )도록 해야 합니다.

3) 우리는 보통 건강을 잃고 나서야 건강의 소중함을 (   )게 됩니다.

4) 그는 개인적인 문제로 임기를 다 (   )지 못하고 회장직에서 물러나야 했습니다.

> -디

4. 보기와 같이 문장을 바꿔 쓰십시오.

> 보기 어린아이가 이렇게 엄청 어려운 문제를 풀어냈다니 믿을 수가 없어요.
> → 어린아이가 이렇게 어렵디어려운 문제를 풀어냈다니 믿을 수가 없어요.

1) 얼음장같이 아주 찬 방에 돌보는 사람도 없이 노인 혼자 누워 있었어요.

   → _____

2) 매우 쓴 약이 몸에 좋듯이 듣기에 거슬리는 말이 인생에 도움이 됩니다.

   → _____

3) 펑펑 놀고 있는 사람도 있는데 정신없이 바쁜 사람에게 왜 또 일을 시키려고 합니까?

   → _____

4) 그의 집에 가려면 아주 좁은 골목길을 지나 가파른 언덕길을 또 올라가야 합니다.

   → _____

5) 오늘같이 엄청 추운 날에 그렇게 얇은 옷을 입고 나가면 어떻게 해?

   → _____

5. 다음 대화를 완성하십시오.

1) 가: 소희 씨가 이번 암벽등반대회에서 우승을 했대요. (진짜 여려 보이다)

   나: 정말요? _____는데 우승한 걸 보니 강단이 있나 보네요.

2) 가: 저분이 노벨상 후보에 오른 학자라는데 좀 특이하신 거 같아요.
   (아주 짧은 머리에 엄청 두꺼운 안경을 끼다)

   나: 볼 때마다 _____고 연구에만 몰두하는 모습이에요.

3) 가: 김 선생님이 마흔인데 정말 나이에 비해서 동안인 것 같아요.
   (지금까지 큰 고생 없이 그저 편하게 살다)

   나: _____아/어서 그런 게 아닐까요?

4) 가: 학교 동창이 나보고 같이 동업을 하자며 회사를 그만두라는데 어떡할까요?
   (꿀같이 몹시 단 말로 유혹하다)

   나: _____아/어도 그런 말에 절대 넘어가면 안 돼요.

6. 보기와 같이 문장을 바꿔 쓰십시오.

> 보기 아직 어리고 사회 경험도 많지 않지만 일에 대한 열정은 누구에게도 뒤지지 않아요.
>   → 아직 어리고 사회 경험도 많지 않을망정 일에 대한 열정은 누구에게도 뒤지지 않아요.

1) 이 트럭이 오래되고 낡았지만 나와 가족들에게는 소중한 생계 수단입니다.

   → _____

2) 외국에 체류 중인 가족과 비록 몸은 떨어져 있어도 마음만은 늘 함께 있습니다.

   → _____

3) 사회적으로 크게 출세를 못하더라도 제가 좋아하는 일을 하면서 살고 싶습니다.

   → _____

4) 회사를 그만둘지라도 인간 이하의 대접을 받고서는 도저히 일할 수가 없습니다.

   → _____

5) 부모가 자식 뒷바라지를 해 주지는 못할지라도 앞길을 막아서는 안 되겠죠.

   → _____

7. 다음 대화를 완성하십시오.

1) 가: 자동차를 사는 건 좋은데 이 차는 우리 형편에 너무 비싼 거 같아. (비록 값이 좀 비싸지만)

   나: _____ 우리 가족의 안전을 위해서 튼튼하고 좋은 차를 사고 싶어.

2) 가: 부모님이 사이가 좋으시고 행복해 보이세요. (네, 경제적으로 넉넉한 편은 아니지만)

   나: _____ 아직도 서로 아껴 주고 위하면서 사시니까요.

3) 가: 이 농산물을 반값에 주시면 전부 살게요. (그냥 내다 버리더라도)

   나: _____ 그렇게 헐값으로는 팔 수 없습니다.

4) 가: 요 옆에 파스타 집 오픈했던데 퇴근 후에 먹으러 갈까? (다이어트 중인 친구를 도와주지는 못하고)

   나: _____ 옆에서 방해만 하고 있어.

5) 가: 진욱이한테 나약하게 굴지 말고 더 강해지라고 했어. (위로해 주지는 못해도)

   나: 어려움에 처해 있는 친구를 _____ 상처 주는 말을 하면 어떡해?

복습 제1과~제6과

1. 알맞은 단어를 골라 쓰십시오.

1) (고스란히 / 통째로)

뱀이 개구리를 한입에 (　　　　　) 삼키는 것을 TV에서 봤어요.

이 길을 맨발로 걸어 보니 숲의 향기와 땅의 기운이 (　　　　　) 느껴졌다.

2) (가뜩이나 / 걸핏하면 / 웬만하면)

어려서부터 소화기가 좋지 않아서 (　　　　　) 체하고 토하기 일쑤였다.

병원 가기 싫어서 (　　　　　) 참아 보려고 했는데 안 되겠어요.

월말이라 (　　　　　) 바쁜데 컴퓨터까지 문제가 생겨 답답하네요.

3) (그나저나 / 다짜고짜 / 부랴부랴)

내 말은 들어보지도 않고 (　　　　　) 화부터 내니 기가 막혀서 말이 안 나와요.

날씨가 정말 춥네요. (　　　　　) 회의 시간이 다 됐는데 사람들이 왜 안 오죠?

늦게 일어나서 (　　　　　) 챙겨 입고 나왔는데 나중에 보니까 양말이 짝짝이었어요.

4) (까딱 / 잔뜩 / 진작)

왜 이제야 알려 줬어? 내가 (　　　　　) 알았더라면 실수하지 않게 대비를 했을 텐데.

지훈이가 화가 (　　　　　) 난 것 같은데 무슨 일이 있었는지 혹시 알아?

정신 똑바로 차려야 해. (　　　　　) 잘못 하다가는 큰 사고가 날 수 있으니까.

2. 밑줄 친 부분과 바꿔 쓸 수 있는 말을 골라 알맞게 쓰십시오.

> 거북하다　　　대수롭다　　　막론하다　　　씁쓸하다　　　어이가 없다　　　자빠지다

1) 잘 모르는 사람과 둘이서 식사를 하는 것은 왠지 불편하고 어색하다.

2) 잘못을 저질러 놓고도 사과하기는커녕 도리어 화를 내니 기가 막혀서, 원.

3) 나가려고 하는데 갑자기 문이 스르르 열리는 거야. 놀라서 뒤로 넘어질 뻔했다.

4) 믿었던 사람인데 뒤에서 나에 대해 안 좋은 말을 했다니 기분이 안 좋네요.

5) 지위고하를 가리지 않고 잘못을 저지르면 마땅히 처벌해야 합니다.

6) 빨리 병원에 가봐. 심각하지 않게 생각하다가 괜히 병을 키울 수 있다고.

3. 알맞은 표현을 고르십시오.

1) 선생님도 (아시길래 / 아시다시피) 그 지역이 눈이 많이 오는 곳이잖아요.

2) 아까 나갔다 들어오는 아이에게 어디 갔다 왔냐고 물었을 뿐인데 갑자기 화를 벌컥 (내지 않겠어요? / 내지 않을까 싶네요.)

3) 속담이나 사자성어를 적재적소에 사용하는 것은 쉬운 일이 아니어서 자칫 잘못하면 (실수하기 십상이다. / 실수하는 셈이다.)

4) 건강이 나빠지거나 질병이 생기면 치료하느라 고생도 (할지언정 / 하거니와) 돈도 많이 들어요.

5) 오늘 하루 종일 바빠서 점심도 (먹을 듯 말 듯 / 먹는 둥 마는 둥) 했더니 배가 고프네요.

4. 알맞은 유형을 골라서 문장을 만드십시오.

-길래   -다시피   -(으)ㄹ망정   -거니와   -(으)ㄴ/는 셈 치고   -치고

1) 대도시 / 환경 문제가 없는 곳이 없는 것 같아요.

   → _____

2) 내가 굶어 죽다 / 그 사람 앞에서 무릎을 꿇고 싶지 않아요.

   → _____

3) 요즘 유행어를 모르면 젊은 학생들과 대화가 안 되다 / 인터넷에서 찾아봤어요.

   → _____

4) 출장 갔다가 조금 다쳤는데 액땜했다 / 다행이라 생각하려고요.

   → _____

5) 여행을 가려면 비용도 비용이다 / 회사에서 휴가를 내기도 만만치 않아요.

   → _____

6) 이 통계표에 나와 있다 / 최근 몇 년 사이 우울증 환자가 급증하고 있습니다.

   → _____

5. 다음 그래프는 100세 이상의 고령자들이 스스로 생각하는 장수 비결입니다. 절제된 식습관(39.4%)을 가장 중요한 비결로 꼽고 있는데요. 대체로 육식, 밀가루를 싫어하고 채소, 콩류를 선호하며 응답자의 4분의 3 이상이 평생 술, 담배를 입에 안 댄 것으로 나타났습니다. 그리고 다음은 전문가들이 말하는 건강에 적신호를 가져오는 좋지 않은 식습관입니다. 내용을 참고하여 현재 나의 식습관과 건강한 식습관을 위해 무엇을 개선해야 하는지를 600자 내외로 쓰십시오.

〈장수의 비결〉

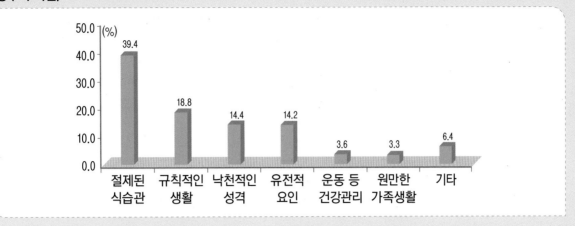

〈좋지 않은 식습관〉

1. 배고플 때 폭식하고 배가 안 고프면 굶는다.
2. 빨리 먹고, 배가 부를 때까지 먹는다.
3. 아침 식사를 하지 않는다.
4. 고기가 없는 식탁을 상상할 수 없다.
5. 짠 음식, 자극적인 음식, 인스턴트 음식을 좋아하고 야식을 즐긴다.
6. 식사를 하면서 TV를 보거나 휴대폰으로 인터넷 검색을 한다.

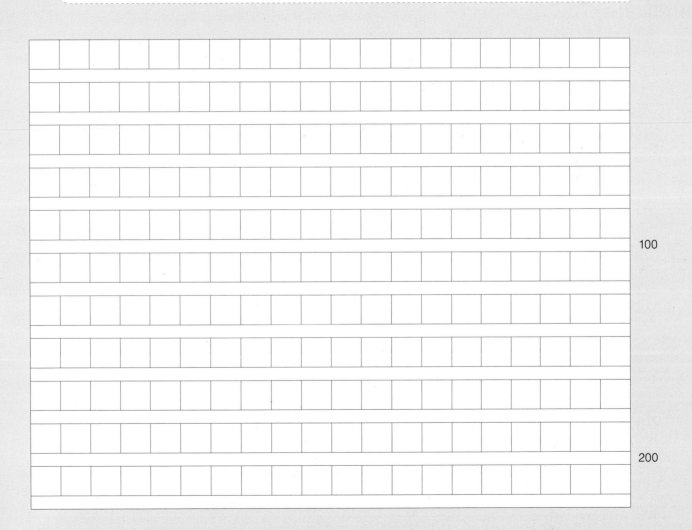

제**7**과 -건만   -(으)ㄹ 바에는

어휘와 표현

1. 알맞은 단어를 골라 쓰십시오.

| 딱히   마냥   차마   한사코 |

1) 약속 시간이 한 시간이나 지났는데 (   ) 기다리지만 말고 한번 연락해 보세요.

2) 그 화가의 그림을 보고 있으면 (   ) 뭐라고 표현할 수 없는 쓸쓸함이 느껴진다.

3) 길에 버려진 고양이가 너무 불쌍해서 (   ) 그냥 두고 올 수 없어 집에 데려왔습니다.

4) 도움의 손길을 내밀고 싶었지만 그 사람은 우리의 도움이 부담스럽다며 (   ) 거절하였다.

2. 단어의 의미가 맞는 것을 골라 쓰십시오.

| 과로사   뇌사   안락사   자연사   존엄사 |

1) 인간으로서 최소한의 품위를 지키면서 죽을 수 있게 하는 것 (   )

2) 뇌의 기능이 완전히 멈추어 원래 상태로 되돌아가지 않는 상태 (   )

3) 고통이 심한 불치의 환자에 대해 본인 또는 가족의 요구에 따라 고통이 적은 방법으로 생명을 단축하는 것

(   )

4) 늙고 쇠약해져서 수명이 다해 자연스럽게 죽는 것 (   )

5) 직장에서의 과중한 업무로 생긴 질병으로 인한 죽음 (   )

3. 밑줄 친 부분과 비슷한 의미의 단어를 골라 알맞게 쓰십시오.

| 안쓰럽다   일리   질색   처지다 |

1) 아버지는 오랜 입원 생활을 하신 탓인지 병원 얘기만 나오면 너무 싫다 하신다.

2) 상대방의 의견이 우리와 다르긴 한데 어떤 면에서는 타당한 이치가 있는 말이에요.

3) 동물이지만 아파서 힘들어하는 모습을 보고 있으니 너무 가엽고 안됐더라.

4) 어제 안 좋은 뉴스를 접하고 나서 모두들 기운도 빠지고 분위기도 가라앉는 것 같다.

4. 보기와 같이 알맞은 것끼리 연결하십시오.

보기 여러 번 경제적인 도움을 주었건만 •
• ① 왜들 고집을 부리는 걸까?

1) 전혀 무례하게 굴지 않았건만 •
• ② 동생이 끝내 가게 문을 닫았어요.

2) 가족 모두가 말렸건만 •
• ③ 자식들은 그 마음을 몰라줍니다.

3) 부모는 자식을 몹시 사랑하건만 •
• ④ 농사일이 뜻대로 되지 않았어요.

4) 서로 도와서 하면 좋으련만 •
• ⑤ 아버지는 끝내 안락사를 고집하셨어요.

5) 어렵게 귀농해서 농사를 지었건만 •
• ⑥ 그 사람은 몹시 기분이 상한 것 같아요.

5. 보기와 같이 대화를 완성하십시오.

보기 가: 올해는 집을 산다고 했는데 왜 아직 못 샀어요? (돈을 모았다)
나: 집을 사려고 착실히 <u>돈을 모았건만</u> 집값이 또 올라서 속상해요.

1) 가: 화초들이 다 시들어 버렸는데 어떻게 된 거예요? (키운다고 키웠다)

　　나: 열심히 _____ 잘 안되네요.

2) 가: 그분은 재산도 많다면서 남을 위해 돈 쓰는 걸 못 봤어요. (물려줄 자식도 없다)

　　나: 그러게요. _____ 왜 그렇게 구두쇠인지 모르겠어요.

3) 가: 왜 다른 회사로 이직을 하려고 해요? (10년 넘게 일을 했다)

　　나: 이 회사에서 _____ 전혀 보람을 느낄 수가 없어서요.

4) 가: 100년을 이어온 가업을 왜 자식들에게 물려주지 않나요? (물려받으면 좋겠다)

　　나: 자식들이 _____ 아무도 하려고 하지 않아서요.

6. 보기 와 같이 문장을 바꿔 쓰십시오.

> 보기 어차피 돈을 들여 프러포즈를 한다면 잘 준비해서 제대로 하고 싶어요.
> → 어차피 돈을 들여 프러포즈를 할 바에야 잘 준비해서 제대로 하고 싶어요.

1) 이왕 시간을 내서 여행을 간다면 일정이 **빡빡**해도 국내보다 해외로 갔으면 합니다.

　→ _____

2) 졸업 후에 전공을 살릴 수 없는 직장에서 일을 하느니 창업을 하는 게 낫겠어요.

　→ _____

3) 월드컵 축구 경기를 직접 보면 좋지만 VIP석이 아니면 굳이 가고 싶지 않아요.

　→ _____

4) 이왕 수술을 받아야 한다면 하루라도 빨리 받는 게 좋을 것 같습니다.

　→ _____

7. 다음 대화를 완성하십시오.

1) 가: 제주도에 갈 때 항공편이 없어서 배로 가야 하는데 괜찮겠어요?

　나: 나는 뱃멀미가 심해서 _____ 안 가는 게 나아.

2) 가: 상태가 좋은 중고차를 천오백만 원에 살 수 있다는데 살까?

　나: _____ 신형차를 구입하는 게 더 나을 것 같네요.

3) 가: 집들이 때 직장 동료들을 초대하려고 하는데 몇 명이나 초대할까요?

　나: 이왕 _____ 힘들어도 많이 초대하는 게 좋겠죠.

4) 가: 중국 출장이 잦아서 혼자 중국어를 공부하고 있는데 실력이 늘지 않아요.

　나: 이왕 _____ 전문 기관에 가서 배우는 게 제일 좋죠.

5) 가: 운동도 좋지만 진짜 다이어트에 성공하려면 밥을 굶어야 해요.

　나: 밥을 굶으면서까지 _____ 그냥 포기하겠어요.

어휘와 표현

1. 밑줄 친 단어와 비슷한 의미의 말을 골라 알맞게 쓰십시오.

> 가령   무턱대고   일관성이 없다   잣대   하물며

1) 다른 사람의 말을 듣지 않고 잘 생각해 보지도 않고 <u>마구</u> 자기 고집만 부리는 사람을 고집불통이라고 해요.

2) <u>예를 들어</u> 운전하다가 교통신호를 위반했다든지 주정차 위반을 했다면 당연히 벌금을 내야죠.

3) 외모를 <u>기준으로</u> 그 사람의 모든 것을 판단해서는 안 되겠죠?

4) 남의 자식도 귀한 줄 아는데 <u>더군다나</u> 자기 자식은 어떻겠어요?

5) 나라 정책이 <u>한결같지 않고</u> 갈팡질팡하면 국민이 정부를 불신하게 됩니다.

2. 관계있는 단어를 찾아 연결하십시오.

1) 독특하고 두드러진 성질 •   • ① 일관성

2) 인간으로서 마땅히 가져야 할 본성 •   • ② 신축성

3) 서로 반대되는 두 가지 성질이 공존함 •   • ③ 적극성

4) 물체가 늘어나고 줄어드는 성질 •   • ④ 인간성

5) 태도나 방법이 처음부터 끝까지 한결같음 •   • ⑤ 양면성

6) 어떤 일을 능동적이고 활동적으로 하려고 함 •   • ⑥ 특수성

3. 알맞은 단어를 고르십시오.

1) 취업 기회는 (성별 / 연령별)에 관계없이 남녀 모두에게 평등하게 주어져야 한다고 생각해요.

2) 우체국 직원들은 각지에서 온 우편물을 먼저 (직장별 / 지역별)로 구분하는 작업을 해요.

3) 직원들의 업무 실적을 (월별 / 연도별)로 정리하여 매달 뛰어난 실적을 올린 사람에게 포상을 하고 격려합니다.

4) 대학 등록금은 보통 (학년별 / 학기별)로 내야 하기 때문에 새 학기가 시작될 때마다 등록금 때문에 고민을 합니다.

4. 보기와 같이 문장을 바꿔 쓰십시오.

> 보기 돌 지난 조카가 있는데 볼 때마다 말로 표현할 수 없을 만큼 귀여워요.
> → <u>돌 지난 조카가 있는데 볼 때마다 귀엽기 짝이 없어요.</u>

1) 아무리 말을 붙여도 돌부처처럼 묵묵부답이니 답답해 미칠 지경이에요.

  → _____

2) 입시에 떨어져서 실의에 빠져 있는 아이를 보고 있으려니 마음이 한없이 괴로워요.

  → _____

3) 정작 피해를 입은 사람은 난데 나를 가해자로 모니까 너무 억울했어요.

  → _____

4) 가장 믿었던 친구가 나를 속였다는 사실을 알았을 때 말할 수 없이 괘씸했어요.

  → _____

5) 사람들의 시선을 끌기 위한 그의 행동은 너무 유치해서 차마 볼 수가 없었어요.

  → _____

5. 보기와 같이 알맞은 것을 골라 대화를 완성하십시오.

> 다닐 때 위험하다   색감이 너무 이질적이어서 어색하다   예의가 없고 무례하다   정말 어리석다

> 보기 가: 은퇴하고 전원생활을 해 보시니까 어때요?
> 나: 너무 한가하고 <u>여유롭기 짝이 없어요.</u>

1) 가: 아이가 매일 통학하는 길에서 공사를 하던데 괜찮아요?

  나: _____

2) 가: 점잖은 까만 양복 차림에 빨간 양말과 흰색 운동화를 신었는데 어땠어요?

  나: _____

3) 가: 민지는 그 남자에게 속고 사기까지 당했는데도 또 다시 만나요?

  나: _____

4) 가: 그 사람은 화가 나면 아무한테나 반말을 하고 거칠게 행동한다면서요?

  나: _____

6. 보기 와 같이 문장을 바꿔 쓰십시오.

> 보기 사람이 아무리 덩치가 커도 코끼리만 하겠어?
> → 사람이 아무리 덩치가 <u>크기로서니</u> 코끼리만 하겠어?

1) 부모님이 아무리 화가 났어도 자식을 집에서 내쫓지는 않겠죠?

→ _____

2) 일주일을 굶었어도 남이 먹다 버린 음식을 주워 먹는 일은 없을 거예요.

→ _____

3) 교육부 장관이 바뀌었다고 일관성 없이 또 교육정책이 달라지는 건 아니겠죠?

→ _____

4) 아무리 철딱서니가 없어도 그렇지 어떻게 그다지도 부모 마음을 섭섭하게 한단 말이니?

→ _____

5) 인문학의 기본인 이 학과가 취업에 유리하지 않다고 갑자기 폐지된다는 게 말이 됩니까?

→ _____

7. 대화를 완성하십시오.

1) 가: 미세먼지가 너무 심해서 일주일 내내 집안에만 틀어박혀 있었어요.

나: _____

2) 가: 홈쇼핑에서 옷이 너무 예쁘고 값이 저렴해서 색깔별로 10벌을 주문했어요.

나: _____

3) 가: 재수생이 또 대학 입시에 실패했다고 좌절해서 스스로 목숨을 끊었대요.

나: _____

4) 가: 우리 삼촌은 인삼이 몸에 좋다고 밥은 안 먹고 삼시 세끼 인삼만 먹어요.

나: _____

제**9**과 -(느)ㄴ답시고 -(으)ㄴ/는/(으)ㄹ 노릇이다

어휘와 표현

1. 밑줄 친 부분과 비슷한 의미의 단어를 골라 알맞게 쓰십시오.

| 미연에 방지하다   부득이하다   불미스럽다   얽히다   찜찜하다   침해하다 |

> **보기** 드라마 속 인물의 관계가 <u>매우 복잡하게 돼 있어서</u> 스토리 이해가 안 돼요.
>   얽혀

1) 민주국가에서 정부는 개인의 인권과 재산을 <u>함부로 침범하여 손해를 끼칠</u> 수 없습니다.

2) 세계대회에서 선수들이 약물을 복용하는 <u>추잡한</u> 일이 생겨 메달을 박탈당했어요.

3) 예정대로 진행하려고 했으나 <u>어쩔 수 없는</u> 사정으로 인해 연기되었습니다.

4) 일단 사고가 일어나면 피해가 크기 때문에 <u>미리 일어나지 못하도록 하는</u> 것이 중요하다.

5) 그 일을 완전히 해결했으면 좋았을 텐데 그렇지 못해서 좀 <u>걸려요.</u>

2. 알맞은 단어를 고르십시오.

1) 옷소매를 줄이려고 접어놓은 곳에다가 핀을 (달아 / 꽂아) 고정시켰어요.

2) 나무에 귤이 주렁주렁 (달려 / 걸려) 있는 것을 보니 마음이 흐뭇해요.

3) 전쟁에서 돌아온 병사들은 가슴에 훈장을 (달고 / 걸고) 돌아왔다.

4) 바느질이 서툴러서 떨어진 단추를 (꽂는 / 다는) 것도 쉽지 않네요.

3. 알맞은 말을 골라 쓰십시오.

| 거절당하다   괴롭힘을 당하다   무시당하다   이용당하다 |

1) 이번에는 나의 요청을 받아 주겠지 했지만 역시나 (　　　　　　)았/었다.

2) 아는 사람을 도와주었는데 그 후로 연락이 끊기고 나니 (　　　　　　)았/었다는 생각을 금할 수가 없다.

3) 직장에서 잘리고 가진 것 없는 신세가 되고 보니 주위 사람들로부터 작은 일에도 왠지 (　　　　　　)(으)ㄴ/는 기분이 든다.

4) 같은 반 친구들한테 (　　　　　　)(으)ㄴ/는 학생이 자살을 시도한 안타까운 일이 일어났다.

제9과 개인의 사생활을 침해하는 거 아닌가?   35

-답시고/-(느)ㄴ답시고/-(이)랍시고

4. 보기와 같이 문장을 바꿔 쓰십시오.

> 보기 아이가 자기도 연약한 여자를 보호할 수 있는 남자라고 큰소리를 칩니다.
> → 아이가 자기도 연약한 여자를 보호할 수 있는 남자랍시고 큰소리를 칩니다.

1) 우리 형은 형제 중에서 유일하게 유학까지 갔다 온 유학파라고 무척 배운 티를 냅니다.

    → _____

2) 사업을 한다고 전국 방방곡곡을 다 돌아다니지만 수입은 신통치 않다.

    → _____

3) 돈이 좀 있다고 거만하게 구는 건 정말 보기 싫어요.

    → _____

4) 올해는 담배를 끊겠다고 굳은 결심을 했지만 끝내 끊지 못했다.

    → _____

5) 어린 조카가 엄마를 돕는다고 이것저것 심부름을 하는 모습이 너무 귀엽고 대견해요.

    → _____

5. 다음 대화를 완성하십시오.

1) 가: 프로골프 선수가 되려고 매일 골프장에서 살다시피 했는데 왜 그만두었어요?

   나: _____ 열심히 연습했는데 손목 부상으로 그만두었어요.

2) 가: 얼마 전에 운전한다고 자동차를 사지 않았어요? 왜 운전하지 않아요?

   나: _____ 대출까지 받아서 자동차를 샀는데 막상 운전을 하려니까 너무 무서워서 망설이
   고 있어요.

3) 가: 그 여배우는 살을 빼려고 1년 동안 지독하게 다이어트를 했다면서요?

   나: 네, _____ 1년 동안 하루 한 끼만 먹어서 영양실조에 걸렸대요.

4) 가: 3살짜리 형이 갓 태어난 동생을 잘 돌봐 주나요?

   나: _____ 동생 옆에서 우유도 먹여 주고 장난감도 흔들어 주고 있어요.

-(으)ㄴ/는/(으)ㄹ 노릇이다

6. 보기와 같이 문장을 바꾸어 쓰십시오.

> 보기 방금 눈앞에 있던 물건이 없어졌으니 정말 귀신이 곡하겠어요.
> → 방금 눈앞에 있던 물건이 없어졌으니 정말 귀신이 곡할 노릇이에요.

1) 한 시간째 자기주장만 계속 고수하니 정말 답답해서 미치겠어요.

　→ _____

2) 취직은커녕 도박에 빠져 부모 속만 썩이고 있으니 정말 한심해요.

　→ _____

3) 의대를 나온 아들이 시골에서 농사를 짓겠다고 하니 참 기가 막힙니다.

　→ _____

4) 500년 전에 저렇게 멋진 건물을 사람의 힘으로 지었다니 그저 감탄할 뿐이에요.

　→ _____

7. 아래의 대화를 완성하십시오.

1) 가: 마감 시간까지 일을 마쳐야 하는데 도저히 안 되겠어요. 어떡하죠?
　　 (일은 많고 인력은 부족하니까 어쩔 수 없다)

　나: _____

2) 가: 부인이 병으로 쓰러졌는데 10년째 지극정성으로 돌보고 있대요. (하늘도 감탄하겠다)

　나: _____

3) 가: 어릴 때 입양되었는데 친부모를 찾고 싶어도 아무런 정보가 없어서 찾기가 어렵대요. (정말 안타깝다)

　나: _____

4) 가: 이웃 사람이 이번 살인 사건의 범인이라면서요? (네, 생각만 해도 소름이 끼치다)

　나: _____

5) 가: 경영하던 회사가 망하고 살던 집마저 경매에 넘어갔어요. (참 딱하다)

　나: _____

제 **10** 과   오죽 –았/었으면   –(이)자   고작이다

어휘와 표현

1. 알맞은 단어를 골라 쓰십시오.

> 끓다   뜨다   말다

1) 말린 생선을 신문지에 돌돌 (   )아/서 냉장고 서랍에 보관해 놓았다.

2) 돼지고기를 넣었더니 국물에 기름이 많이 (   )는데 어떻게 해야 하죠?

3) 아침에 시간이 없어서 밥 한 숟가락 (   )는 둥 마는 둥하고 나왔어요.

4) (   )(으)ㄴ/는 물에 냉동 만두를 넣고 3분쯤 후에 만두가 (   )아/어 오르면 꺼내 드세요.

5) 열이 안 내려서 밤새 이마가 펄펄 (   )고, 불덩이처럼 뜨거웠어요.

6) 설렁탕이나 갈비탕을 먹을 때 밥을 (   )아/어서 드세요? 그냥 드세요?

2. 의미가 맞는 말을 골라 연결하십시오.

1) 소나 돼지의 갈비에 갖은 양념을 하여 국물이 많지 않게 오래 익힌 음식 •   • ① 갈비찜

2) 돼지 뼈를 넣고 끓인 후 된장과 배추 등을 넣어 만든 속 풀이 국   •   • ② 장조림

3) 소고기나 돼지고기를 큼직하게 토막 내어서 간장에 조린 반찬   •   • ③ 전골

4) 미꾸라지를 삶아 체에 곱게 내린 후 된장을 풀고 우거지를 넣어 끓인 국 •   • ④ 추어탕

5) 고기, 해물, 채소, 버섯 등을 돌려 담고 육수를 부어 즉석에서 끓이며 •   • ⑤ 해장국
    먹는 음식

3. 알맞은 단어를 골라 쓰십시오.

> 데다   볶다   식다   찌다

1) 삼계탕이나 순두부찌개는 뚝배기에 담아야 먹는 동안 (   )지 않고 뜨겁게 먹을 수 있어요.

2) 어제 새우튀김을 해 먹었는데 뜨거운 기름이 튀어서 손을 좀 (   )았/었어요.

3) 프라이팬에 기름을 두르고 소고기를 (   )다가 버섯을 넣고 (   )(으)세요.

4) 한국에서는 여름에 옥수수나 감자를 (   )아/어서 많이 먹어요.

오죽 -았/었으면 (=오죽하면)

4. 보기와 같이 대화를 완성하십시오.

> 보기 가: 처음으로 아내를 위해 된장찌개를 끓였는데 앞으로 다시는 하지 말래.
> 나: 오죽 맛이 없었으면 다시는 하지 말라고 했을까?

1) 가: 고춧가루랑 고추장을 너무 많이 넣어서 망쳤어. 재료가 다 빨개져서 안 보여.

　나: _____

2) 가: 오디션 프로에 나가고 싶어서 스무 번 도전한 친구가 있어. 그게 말이 돼?

　나: _____

3) 가: 대기업에 취직했는데 업무 스트레스 때문에 그만두면 안 되지.

　나: _____

4) 가: 송 선배 말이야, 항암치료가 힘들었는지 치료 안 받겠다고 퇴원했대.

　나: _____

5) 가: 아이가 지난번 주사 맞고 나서 주사 얘기만 꺼내도 울어요. 무서웠나 봐요.

　나: _____

오죽 -겠어요? (=오죽 하겠어요?)

5. 보기와 같이 대화를 완성하십시오.

> 보기 가: 여름에 사막에서는 물이 정말 귀하다면서요?
> 나: 여기서도 물이 귀한데 사막에서는 오죽 귀하겠어요?

1) 가: 프랑스 친구가 신라면에다 고추를 넣고 끓여 먹었는데 매워서 죽는 줄 알았대요.

　나: 그냥 먹어도 매운데 _____

2) 가: 멀고 먼 오지에서 가족과 떨어져 사는 생활이 외롭다고 편지가 왔네요.

　나: _____

3) 가: 사고 희생자들의 장례식장에서 가족들이 많이 우는데 마음이 아프더라.

　나: 보는 우리도 슬픈데 _____

4) 가: 진우 씨가 음식 솜씨를 발휘해서 손님들이 맛있게 드신 거 같아요.

　나: 전직 요리사인데 _____

6. 아래 단어에서 알맞은 단어를 골라 보기 와 같이 문장을 완성하십시오.

> 만화가　　대표작　　유적지　　장점　　전통 음식　　후원자

> 보기 그분은 (만화가이자) 신세대 푸드 칼럼니스트로 활동하는 분입니다.

1) 청국장은 (　　　　　　　) 건강 발효식품으로 최근 다시 주목받고 있습니다.

2) 이분은 저의 (　　　　　　) 좋은 의미에서 경쟁자가 되시는 분입니다.

3) 이 영화는 김 감독의 (　　　　　　　) 마지막으로 남긴 작품이기도 하다.

4) 도시 전체가 (　　　　　　) 예술의 도시인 그곳은 1년 내내 여행객들로 넘친다.

5) 어떤 일에도 화를 내지 않고 너그럽게 응대하는 것이 너의 (　　　　　　) 매력이야.

-이/가 고작이다

7. 보기 와 같이 대화를 완성하십시오.

> 보기 가: 한국 음식 배우러 다닌다고 하더니 많이 배웠어?
> 나: 요리에 소질이 없나 봐. 할 줄 아는 거라고는 된장찌개 정도가 고작이야.

1) 가: 스페인어 학원에 3개월 다녔지? 여행 가면 대화 좀 하겠다.

　나: _____

2) 가: 바다낚시 가면 많이 잡을 수 있겠지요? 지난번에 어땠어요?

　나: 생각보다 많이 못 잡겠더라. _____

3) 가: 정 선배 집에 가면 맛있는 거 얻어먹을 수 있을까? 워낙 짠돌이 형이라서 말이야.

　나: _____

4) 가: 거기서 일해 보니 어때요? 힘들지는 않아요?

　나: 제가 하는 일이라고는 _____

제11과   -(으)ㄴ/는/(으)ㄹ 듯이   -고서

어휘와 표현

1. 아래의 단어를 넣어서 조리 방법을 완성하십시오.

> 곁들이다   무치다   삶다   절이다

 냄비에 물을 붓고 돼지고기 삼겹살을 대파, 양파, 통후추, 된장을 넣고 푹 1) (   )아/어 줍니다. 무를 채 썰어서 소금과 설탕을 뿌린 다음 간이 잘 배도록 30분 정도 2) (   )(스)ㅂ니다. 3) (   )아/어진 무를 꽉 짜서 물기를 뺀 다음 고춧가루, 설탕 약간, 마늘, 파, 액젓 등을 넣고 4) (   )아/어 주세요. 배추와 굴을 5) (   )아/어서 드시면 더욱 맛있습니다.

2. 음식의 맛과 관련된 단어입니다. 알맞은 단어를 골라 쓰십시오.

> 짭짤하다   매콤하다   새콤달콤하다   쌉쌀하다   고소하다   얼큰하다

1) 아주 맵지 않고 적당히 맛있게 매운맛을 (   )다고 표현할 수 있어요.

2) 한국인들은 참기름의 (   )ㄴ 맛과 향을 좋아하는 거 같아요.

3) 간장 게장이나 젓갈의 (   )ㄴ 맛은 입맛이 없는 사람도 밥을 먹게 만들지요.

4) 생선과 무를 넣고 찌개를 끓일 때 (   )ㄴ 국물 맛을 내고 싶으면 고추장보다는 고춧가루와 매운 고추를 한두 개 넣으세요.

5) 채 썬 무에다가 식초와 설탕을 넣어서 (   )게 무쳐 먹어요.

6) 버섯이나 차 잎을 말려 가지고 차를 끓이면 (   )ㄴ 맛이 우러나요.

3. 단어의 의미 설명이 맞는 것끼리 연결하십시오.

1) 감칠맛이 나다 •   • ① 행동이 자연스럽지 않아 부끄럽다.

2) 느끼하다 •   • ② 무엇에 마음이 끌려 홀리다.

3) 반하다 •   • ③ 기름기가 많아 비위에 맞지 않는 느낌이 있다.

4) 쑥스럽다 •   • ④ 입맛을 당기는 맛이 있다.

-(으)ㄴ/는/(으)ㄹ 듯이

4. 보기와 같이 문장을 바꿔 쓰십시오.

> 보기 관중의 박수와 환호에 (쑥스러운 것 같다) 웃으며 인사만 하고 들어갔어요.
> → 관중의 박수와 환호에 <u>쑥스러운 듯이</u> 웃으며 인사만 하고 들어갔어요.

1) 한여름에는 (숨이 막힐 것 같다) 무덥고 답답한 날이 계속돼서 힘들어요.

   → _____

2) 옆집 개는 누가 오면 당장이라도 (달려들 것 같다) 무섭게 짖어 댄다.

   → _____

3) 물고기를 그렸는데 마치 (살아 움직이는 것 같다) 표현을 너무 잘했다.

   → _____

4) 내 말을 듣더니 (기분 나쁘다고 하는 것 같다) 일어나서 휙 나가 버리더라고.

   → _____

5) 이 사고가 자신과는 (아무 관련이 없다고 하는 것 같다) 뻔뻔한 표정을 지었다.

   → _____

5. 보기와 같이 알맞게 바꾸어 대화를 완성하십시오.

> 보기 가: 어제 만든 음식을 부모님께 대접했어요? 어떤 반응이셨어요? (믿을 수 없다는 표정으로)
> 나: 맛을 보시더니 <u>믿을 수 없다는 듯이</u> 고개를 갸우뚱하시더라고요.

1) 가: 파도가 너무 강해서 무서웠다면서? (배가 뒤집힐 것처럼)

   나: _____ 파도가 치는데 정말 무섭더라고.

2) 가: 윤아는 옛날에 몸이 엄청 마르고 연약했던 거 같은데 요즘은 좋아 보이더라. (불면 날아갈 것처럼)

   나: 맞아. _____ 몸이 약하고 가냘팠지.

3) 가: 찬우가 밥이랑 찌개를 다 먹어치웠나 봐. 하나도 없네. (몇 끼를 굶은 것처럼)

   나: 배고프다고 해서 차려 줬더니 _____ 싹싹 긁어먹었어.

4) 가: 동생한테 부탁하니까 동생이 선뜻 해 주겠대요? (불만이라는 표정으로)

   나: 웬걸요. _____ 대답은 않고 겨우 고개만 끄덕이죠, 뭐.

6. 보기 와 같이 문장을 바꿔 쓰십시오.

> 보기 방송에서 고기를 많이 먹으면 안 좋다는 얘기를 들었다. 그 다음부터 잘 안 먹어요.
> → 방송에서 고기를 많이 먹으면 안 좋다는 얘기를 듣고서 잘 안 먹어요.

1) 친구가 김치를 한 번 만들어 보았다. 힘이 들었는지 다음에는 슈퍼에서 사 먹겠다고 한다.

→ _____

2) 그분이 언젠가 한 번 왔다. 그 다음부터는 다시 안 오는 거 같아요.

→ _____

3) 상대방의 얘기를 더 들어보자. 그러고 나서 어떻게 할지 결정을 하자.

→ _____

4) 유명한 요리사가 하는 걸 TV에서 보았다. 그 후에 그대로 따라서 만들었어요.

→ _____

5) 금방 돌아오겠다고 했다. 두 시간이 지나도록 안 오니 얼마나 걱정이 됐겠어?

→ _____

-지 않고서는   -이/가 아니고서는

7. 보기 와 같이 문장을 바꿔 쓰십시오.

> 보기 설명을 잘 들어도 직접 만들어 봐야 해요. 안 그러면 원리를 알 수가 없어요.
> → 설명을 잘 들어도 직접 만들어 보지 않고서는 원리를 알 수가 없어요.

1) 미역국이나 육개장에 집에서 만든 간장을 안 넣었어? 그럼 제맛이 안 날 텐데.

→ _____

2) 사람은 겪어 봐야 해요. 안 그러면 어떤 사람인지 모르는 법이에요.

→ _____

3) 먼저 기본기를 익히지 않았군요. 그런데 어떻게 고급 기술을 익히겠어요?

→ _____

4) 무슨 원수가 아니잖아요? 그렇다면 그렇게까지 나쁘게 행동할 수는 없어요.

→ _____

1. 알맞은 단어를 골라 쓰십시오.

달래다	씹히다	쫄깃하다	푸짐하다	풍부하다

1) 외국 생활의 외로움과 허전함을 (   )아/어 주는 것은 역시 음식이에요.

2) 한국인들은 서양 사람들과 달리 국수나 찰떡의 (   )(으)ㄴ/는 식감을 즐긴다.

3) 우리 엄마는 맏며느리라서 그런지 명절 음식을 언제나 (   )게 차리세요.

4) 김치전에 들어간 김치가 사각사각 (   )아/어서 신선하게 느껴져요.

5) 두부는 부드럽고 단백질 등 영양도 (   )아/어서 노인들에게 좋은 식품이죠.

2. 밑줄 친 부분과 비슷한 의미의 단어를 골라 쓰십시오.

다채롭다	담백하다	사치스럽다	질기다	타고나다

1) 살면서 한 번씩 자신을 위해 분수에 맞지 않게 돈을 쓰는 소비를 할 때가 있다.

2) 그 사람과 얘기를 해 보니 솔직하고 욕심이 없고 순박한 사람인 거 같더라.

3) 나일론 같은 합성 섬유가 천연 섬유보다 훨씬 해지지 않고 오래 가지요.

4) 개막식 후에 펼쳐진 다양한 종류의 화려한 공연과 행사가 볼 만했어요.

5) 재능은 태어날 때부터 가지고 있는 것이라지만 후천적인 노력도 중요한 듯해요.

3. 밑줄 친 의미에 해당하는 것을 고르십시오.

1) 상대 선수가 도중에 기권하는 바람에 경기가 싱겁게 끝나버렸습니다.　　　　(　　　)

2) 은수라는 동네 청년은 만나면 한 번씩 싱거운 소리를 해서 나를 웃게 만든다.　(　　　)

3) 소주에다가 물을 타서 먹으면 싱거운데 그 맛을 좋아하는 사람도 있나 봐요.　(　　　)

① 간이 약하거나, 맛이 약해서 맛이 없는 듯하다.

② 흥미를 끌지 못하고 흐지부지하다.

③ 말이나 행동이 상황에 어울리지 않고 좀 엉뚱하다.

4. 보기 와 같이 문장을 바꿔 쓰십시오.

> 보기 한국 음식을 좋아하기는 하지만 매일 먹으려니까 다른 것도 먹고 싶어지네요.
> → 한국 음식을 좋아하기는 하지만 매일 먹자니 다른 것도 먹고 싶어지네요.

1) 같이 사는 친구가 늘 집을 어지럽히는데 매일 내가 치우려고 하니까 짜증이 나요.

→ _____

2) 혼자 살고 싶어서 집을 나왔지만 막상 혼자 사는 게 여러 가지가 불편하다.

→ _____

3) 우리 개가 새끼를 4마리 낳았는데 키우는 건 힘들 거 같고 누구에게 주는 건 또 서운해요.

→ _____

4) 상황을 보고 있었는데 잘못하면 우리한테 비난이 쏟아지겠더라고요.

→ _____

5) 퇴원할 때까지 병원에서 누워 지내야 하는데 답답해서 못살겠어요.

→ _____

5. 보기 와 같이 대화를 완성하십시오.

> 보기 가: 엄마, 몸도 안 좋다면서 쉬시지 않고 왜 저녁 준비를 했어요?
> 나: 빈집에서 혼자 가만히 쉬자니 심심해서 좀 움직였어.

1) 가: 어려운 상황에 있는 분들을 도와주셔서 감사해요. 모르는 척하셔도 되는데.

나: 바로 옆에서 _____ 도리가 아닌 것 같아서요.

2) 가: 황 대리, 해외 연수 기회가 좀처럼 오는 것도 아닌데 왜 망설여요?

나: 막상 혼자서 _____ 남아 있을 가족들이 걸려서요.

3) 가: 윤 선배한테 사실대로 말을 할 건지 아니면 숨길 건지 생각해 봤어?

나: _____

4) 가: 여자 친구 생일에 이벤트를 할 거야? 아니면 그냥 넘어갈 거야?

나: _____

6. 보기와 같이 문장을 만드십시오.

> 보기 자주 연습하면 실력이 더 늘겠지만 가끔씩 / 연습할 수 있어서 다행이에요.
> → 자주 연습하면 실력이 더 늘겠지만 가끔씩이나마 연습할 수 있어서 다행이에요.

1) 많이 있으면 더 좋겠지만 이거 / 없었으면 어쩔 뻔했어요?

　　→ _____

2) 작은 정성 / 보태고 싶은 마음이니 거절하지 말아 주세요.

　　→ _____

3) 분주한 생활 속에서 잠시 / 모든 걸 내려놓고 휴식을 취했던 시간이었어요.

　　→ _____

4) 희미하게 / 기억 속에 남아있는 것들을 더듬어서 이야기를 써 내려가고 있다.

　　→ _____

5) 정부의 이번 대책이 시원스럽지는 않지만 약간 / 도움은 될 거라고 봅니다.

　　→ _____

7. 보기와 같이 대화를 완성하십시오.

> 보기 가: 이렇게 불러 주시고 따뜻한 밥까지 차려 주시다니. 감사해요. (변변치 못하다)
> 나: 와 주셔서 제가 감사하지요. 음식이 변변치 못하나마 맛있게 드시면 좋겠네요.

1) 가: 모두가 살기 어려운 세상인데 좋은 일을 참 많이 하시네요. (얼마 안 되는 금액)

　　나: _____ 도와드릴 수 있어서 다행이죠, 뭐.

2) 가: 좀 더 길었으면 좋았을 텐데 3박 4일이 너무 짧아서 아쉬우시겠어요. (짧은 시간)

　　나: 네, 그래도 _____ 쉴 수 있었던 것도 드문 일인걸요.

3) 가: 퀼트를 배운다고 하더니 예쁜 가방을 만들었구나. 대단하네. (바느질은 엉성하다)

　　나: _____ 내 손으로 만든 거라 그런지 정이 가네.

4) 가: 아이도 있고 살림을 꾸려 가는 게 만만하지 않을 텐데 어때? (풍족하지는 않다)

　　나: _____ 조금씩 저축도 하고 있고 살림하는 것도 재미있어.

복습 제7과~제12과

1. 알맞은 단어를 골라 넣으십시오.

1) (얼핏 / 차마)

항상 나를 믿고 따라 준 사람한테 (　　　　　　) 일이 잘못 되었다는 이야기를 못하겠더라.

사람들이 하는 이야기를 나도 (　　　　　) 들었는데 사실이 아니에요.

2) (그나마 / 하물며)

동물도 은혜를 갚을 줄 아는데 (　　　　　) 인간이 은혜를 모른다면 그건 안 되지.

사고를 당했지만 목숨은 건졌으니 (　　　　　) 다행이라고 해야겠지요.

3) (딱히 / 정작)

일출을 보러 갔는데 다른 데만 돌아다니고 (　　　　　) 일출은 못 보고 왔다.

뭐가 문제라고 (　　　　　) 말할 수는 없지만 그렇다고 찬성하는 건 아니에요.

4) (무턱대고 / 통)

정부의 정책에 대해 (　　　　　) 반대만 할 것이 아니라 대안을 제시해야 합니다.

찬성이든 반대든 자기 의견을 밝혀야지 (　　　　　) 말을 안 하니까 아주 답답해요.

5) (마냥 / 한사코)

도움이 필요한 상황일 텐데 혼자 힘으로 해 보겠다며 (　　　　　) 거절을 하네요.

공장의 상황이 아주 급한 것은 아니지만 그렇다고 (　　　　　) 느긋하게 해도 되는 건 아니다.

2. 알맞은 단어를 골라 쓰십시오.

1) (따끈하다 / 뜨다 / 말다)

'국밥'이란 시골 장터에서 많이 파는 음식으로, 국에 밥을 미리 (　　　　　)아/어서 주는데 추운 날

(　　　　　)(으)ㄴ/는 국밥 한 그릇이면 허기를 달래기에 충분했다.

2) (끓다 / 끓이다 / 삶다)

저는 수육을 할 때 먼저 찬물에 파, 마늘, 생강 등을 넣고 (　　　　　)(으)ㄴ/는 다음 고기를 넣고 한 시

간쯤 푹 (　　　　　)아/어요.

3) (담백하다 / 식다 / 푸짐하다)

이 집의 생선 매운탕은 양념 맛이 진하지 않고 (　　　　　)아/어서 좋아요. 양도 많고 반찬도 여러 가지

나와서 여럿이 가면 (　　　　　)게 먹을 수 있어요.

4) (식다 / 씹다 / 질기다)

결혼식장 피로연에서 갈비가 나왔는데 고기가 (　　　　　)아/어서 (　　　　　)기 힘들었어요. 그리

고 한꺼번에 많은 양을 해서 그런지 따뜻하지 않고 (　　　　　)더라고요.

3. 알맞은 유형을 사용하여 주어진 문장과 의미가 비슷한 문장을 만드십시오.

> -건만   -기로서니   -(느)ㄴ답시고   -(으)ㄴ/는/(으)ㄹ 노릇이다   -(으)ㄹ 바에는

1) 중요한 약속을 한 번 어겼다. 아무리 그렇다고 해도 어떻게 다시는 얼굴도 보기 싫다고 말할 수가 있어요?

→ _____

2) 손님들을 위해 오랜만에 솜씨를 좀 발휘해야지 생각하고 전통 음식을 준비하려다가 고생만 했지 뭐예요?

→ _____

3) 연명 치료를 받다가 비참하게 죽는 것보다 가족들 앞에서 편안히 눈을 감고 싶다.

→ _____

4) 10년 이상 키우던 고양이를 안락사시켰는데 그건 정말 못할 일이더라.

→ _____

5) 단체 사진을 카톡에 올리지 말라고 누누이 말했다. 그런데도 왜 자꾸 올리는 걸까?

→ _____

4. 다음 대화를 완성하십시오.

1) 가: 현우가 사는 게 너무 답답하다고 직장이고 뭐고 다 내려놓고 훌쩍 시골로 내려갔대.

나: 세상에. _____ (오죽 -았/었으면)

2) 가: 하숙집에서 모르는 사람하고 밥을 먹는 게 어색하면 혼자 먹어도 되지 않아?

나: _____ (-자니)

3) 가: 나는 그런 일은 절대로 못하니까 해 보라는 말은 아예 하지 말아 줘.

나: _____ (-고서)

4) 가: 그 사람 말이야, 자기 때문에 이렇게 됐는데 한 마디 사과도 안 하고 있더라.

나: 그러게. 정말 _____ (-기 짝이 없다)

5) 가: 최 부장님은 이번 안건에 대해 찬성하신대요? 아니면 반대하신대요?

나: 아까 _____ 말씀하시던데. (-(으)ㄴ/는/ㄹ 듯이)

어휘와 표현

1. 알맞은 단어를 골라 쓰십시오.

| 단단하다   안일하다   허둥대다   현명하다 |

1) 산에서 길을 잃었을 때는 (   )지 말고 방향을 잘 살피면서 하산해야 한다.

2) 태풍으로 인해 공항이 폐쇄되고 하늘길이 며칠째 막혀 있는데도 공항의 대처가 너무 (   )아/어서 승객들의 불만이 극에 달했습니다.

3) 취업을 할 때 회사의 명성보다는 장래성을 보고 선택하는 것이 (   )지요.

4) 이 지하 대피소는 진도 8 이상에도 견딜 수 있을 만큼 (   )게 지어졌어요.

2. 단어의 설명이 맞게 된 것을 연결하십시오.

1) 대피 요령 •   • ① 위험이 생기거나 사고가 나지 않도록 행동이나 절차에서 지켜야 할 사항을 정한 규칙

2) 대형 참사 •   • ② 지진, 홍수, 태풍 따위의 자연 현상으로 일어나는 재난이나 이변

3) 안전 수칙 •   • ③ 위험한 상황이나 재난 시 피해를 입지 않도록 일시적으로 피하는 방법

4) 천재지변 •   • ④ 많은 사람이 한꺼번에 죽거나 다치는 매우 끔찍한 사건이나 사고

3. 밑줄 친 부분과 바꿔 쓸 수 있는 말을 골라 쓰십시오.

| 대처하다   대피하다   차단하다   철석같이 |

1) 절대 손해를 보지 않는다고 해서 전혀 의심 없이 믿고 투자했는데 결국 손해를 보았다.

2) 이 크림은 UV제품으로 자외선을 막는 기능이 있습니다.

3) 우리 아파트는 응급상황에 필요한 대책을 세울 수 있도록 집마다 비상벨을 설치했어요.

4) 폭풍 주의보가 발효되어 선원들은 배를 항구에 정박시킨 후 육지로 몸을 피했다.

4. 보기와 같이 문장을 완성하십시오.

> 보기 이런 대형 사고가 발생할 거라고 전혀 <u>생각하지 못한 터라</u> 피해의 규모가 예상보다 커졌어요.
> (생각하지 못했다)

1) 어젯밤 내린 폭설에 대비해 _____ 아침 출근길은 큰 혼란 없이 무사히 지나갔습니다. (준비를 철저히 했다)

2) 화재의 규모가 워낙 커 모든 소방서 인력을 _____ 추가로 투입할 구조 인력이 전혀 남아 있지 않았습니다. (다 출동을 시켰다)

3) 재난을 겪은 이재민들에 대한 소식이 _____ 그들을 위한 온정의 손길이 끊이지 않고 있습니다. (방송을 통해 널리 알려졌다)

4) 개인 정보 유출은 _____ 본인이 아니면 알 수가 없습니다. (법적으로 금지되어 있다)

5. 다음 대화를 완성하십시오.

1) 가: 지진 발생 1주일이 지났는데 시민들의 공포는 여전한가요? (네, 이 지역에서 지진이 처음 일어났다)

   나: _____ 시민들의 공포가 컸던 것 같아요.

2) 가: 왜 소방차가 화재 현장 가까이 진입을 못하고 있는 겁니까? (불법 주차된 차들로 진입로가 꽉 막혔다)

   나: _____ 진입이 어렵다고 합니다.

3) 가: 남자 분이 어쩌면 그렇게 집안일을 잘하세요? (자취 생활을 오래 해 왔다)

   나: _____ 집안일에 익숙한 편이에요.

4) 가: 요즘 유난히 산불이며 화재 사고가 많네요. (몇 달째 비가 오지 않아 날씨가 건조하다)

   나: _____

5) 가: 사상자들의 신원 확인은 언제쯤 가능하리라 보십니까? (사상자 수가 워낙 많다)

   나: _____

6. 알맞은 것을 골라 보기와 같이 완성하십시오.

| 굴러가다 | 모르다 | 살아 있다 | 설명하다 | 알다 | 좋아 보이다 |

> 보기 무너진 건물 속에 갇힌 지 벌써 한 달이 지났고 마실 물도 없었을 텐데 사람이 **살아 있을 턱이 없어요.**

1) 가장으로서 평생을 밤낮없이 일에만 매달려 살았으니 가족들이 왜 자신을 멀리하고 불만을 갖고 있는지 전혀

　_____

2) 평상시에 철저하게 몇 번이고 연습을 했으니까 대피 요령에 대해 _____

3) 세미나 주제에 대해 공부도 하지 않고 준비도 없이 참석했으니 사람들 앞에서 제대로 _____

　_____

4) 위로한답시고 정치인들이 찾아와 구호품을 건네면서 사진 찍고 하는 모습이 어려움에 처한 이재민들 입장에서는 _____

5) 이쪽 일에 경험도 없는 사람이 실무자로 왔으니 업무가 순조롭게 _____

7. 다음 대화를 완성하십시오.

1) 가: 지훈이가 큰맘 먹고 다이어트를 하나 본데 체중 감량에 성공할까?

　나: 먹는 걸 그렇게 좋아하는 애가 _____

2) 가: 처음 담근 김치 맛이 어때요? 제대로 손맛이 나던가요?

　나: 첫술에 배부르겠어요? _____

3) 가: 정 선배가 건강 검진을 받았는데 간 기능 수치가 조금 안 좋게 나왔대.

　나: 하루도 안 **빼놓고** 술을 마셔 댔는데 _____

4) 가: 회사가 사원 복지에 신경을 쓰니까 사원들의 불만이 없는 것 같아요.

　나: 그럼요. 다른 데에 비해 월등히 좋은데 _____

1. 다음 문장에 공통으로 들어갈 동사를 골라 알맞게 쓰십시오.

> 쓰러지다　　제치다　　취하다

1) 그는 앞서 달리던 선수들을 모두 (　　　　　　　)고 선두로 들어왔다.

　그녀가 커튼을 (　　　　　　　)고 바라본 바깥 풍경은 감동 그 자체였다.

2) 이번 태풍으로 인해 100년 된 은행나무가 (　　　　　　　)아/어서 안타까워요.

　계속된 야근으로 인해 직원 한 명이 과로로 (　　　　　　　)았/었다고 합니다.

3) 간염은 간암과 달리 안정과 휴식을 (　　　　　　　)(으)면 회복이 가능합니다.

　아이들은 카메라 앞에서 멋진 포즈를 (　　　　　　　)(으)려고 노력하였다.

2. 알맞은 단어를 넣어 문장을 완성하십시오.

> 되살아나다　　되찾다　　되돌리다　　되돌아보다

1) 그동안의 부진을 씻고 이번 경기로 제 명예를 (　　　　　　　)고 싶습니다.

2) 어떤 일에 실패했을 때 왜 그렇게 됐는지 (　　　　　　　)(으)ㄴ/는 시간이 필요합니다.

3) 정부의 경기 부양책으로 죽었던 소비 심리가 (　　　　　　　)고 있어요.

4) 지나간 시간은 (　　　　　　　)(으)ㄹ 수 없으니 매 순간 최선을 다해서 살아야 합니다.

3. 관계가 있는 것끼리 연결하십시오.

1) 맥박을　·　　　　　　　　　·　① 제치다

2) 요령을　·　　　　　　　　　·　② 차리다

3) 의식을　·　　　　　　　　　·　③ 익히다

4) 만사를　·　　　　　　　　　·　④ 재다

-(으)랴 -(으)랴

4. 보기와 같이 문장을 바꾸어 쓰십시오.

> 보기 소아과에 근무하는 선생님들은 아픈 아이를 달래고 치료도 해야 해서 참 힘들겠어요.
> → <u>소아과에 근무하는 선생님들은 아픈 아이를 달래랴 치료도 하랴 참 힘들겠어요.</u>

1) 식당에서 혼자 일을 하니까 주문도 받아야 하고 테이블도 치워야 하고 정신이 하나도 없어요.

→ _____

2) 명절 때가 되면 주부들은 시장도 봐야 하고 음식도 준비해야 하고 고생이 많아요.

→ _____

3) 봄맞이 대청소를 했는데 겨울옷을 정리하고 구석구석 쌓인 먼지도 닦고 힘들었어요.

→ _____

4) 한국말을 처음 배울 때는 발음에 신경 써야 하고 문법 생각하는 것 때문에 말하는 게 힘들었어요.

→ _____

5) 근무지를 옮기니 상황을 파악하고 새로운 업무를 익히느라고 한동안 정신 못 차리겠더라고요.

→ _____

5. 다음 대화를 완성하십시오.

1) 가: 드디어 박사 논문이 통과됐군요. 그동안 정말 힘드셨죠? (연구하다 / 논문 쓰다)

나: 네, _____ 진짜 잠 잘 시간도 없이 바빴어요.

2) 가: 5월에는 이런저런 행사로 돈 들어갈 데가 많아서 늘 여유가 없어요. (어린이날 챙기다 / 어버이날 선물하다)

나: 저도 마찬가지예요. _____ 늘 마이너스예요.

3) 가: 이제 퇴직하시면 시간이 많아지겠네요. (여행 다니다 / 취미 생활하다)

나: 시간이 많다니요? _____ 오히려 일할 때보다 더 바빠질 것 같아요.

4) 가: 장남의 역할이 이제는 별 의미가 없어진 것 같아요. (동생들 공부시키다 / 부모님 모시다)

나: 그렇죠. 예전에는 장남이 _____ 어깨가 참 무거웠었죠.

6. 다음 문장을 보기와 같이 바꿔 쓰십시오.

보기 자격증이 있으면 취업의 가능성이 그만큼 높으니까 따 두는 것이 좋다고 생각해요.
→ 자격증이 있으면 취업의 가능성이 높으니만큼 가능하면 따 두는 것이 좋다고 생각해요.

1) 가수 생활 10년 만에 내놓는 앨범이어서 심혈을 기울여 제작했습니다.

→ _____

2) 병이 완치되었지만 재발의 위험성이 있으니까 정기적으로 검사를 받으셔야 합니다.

→ _____

3) 두 분이 이 재단의 설립자이기 때문에 누구보다 애착이 클 것이다.

→ _____

4) 본인이 범인이라는 명백한 증거가 나왔으니까 이제는 인정하고 자백해야 합니다.

→ _____

5) 약의 부작용이 명백히 밝혀진 이상 판매를 즉시 중단해야 합니다.

→ _____

7. 알맞은 말을 골라 대화를 완성하십시오.

| 다수결에 의해 정해졌다 | 두께가 도톰하다 | 선구자이다 | 최선을 다했다 |

1) 가: 이번 올림픽을 마지막으로 은퇴한다고 들었는데 어떠세요?

나: 금메달을 따지는 못했지만 _____ 후회는 없어요.

2) 가: 이 코트는 좀 두껍고 무거운 것 같지 않아요?

나: 코트가 너무 얇으면 보온성이 떨어져요. 이 코트는 _____ 보온성도
뛰어나고 찬 바람도 잘 막아줍니다.

3) 가: 소수 의견이 배제된 느낌이 있어요. 아무리 소수라도 존중받아야 하지 않을까요?

나: 무슨 말인지 알겠는데 그래도 _____ 결정된 바를 따라야 해요.

4) 가: 김 박사님이 이번에 대통령상을 받게 되셨다고 하네요.

나: 이 분야에서 최초로 업적을 이룬 _____ 상을 받으실 만하지요.

제15과   -(으)ㄴ/는/(으)ㄹ 판에   -(이)야말로

어휘와 표현

1. 단어의 설명과 맞는 것을 골라 쓰십시오.

가시거리   갓길   상행선   서행   희생자

1) 고속도로나 자동차 전용 도로에서 차선 밖의 가장자리 길   (   )

2) 사고나 자연재해 따위로 애석하게 목숨을 잃은 사람   (   )

3) 눈으로 볼 수 있는 거리   (   )

4) 지방에서 서울로 올라가는 도로나 선로 또는 교통수단   (   )

5) 사람이나 차가 천천히 가는 것   (   )

2. 알맞은 말을 골라 쓰십시오.

애를 쓰다   애를 먹다   애가 타다

1) 뺑소니 사고의 목격자를 찾기 위해 유인물을 만들고 신문광고도 내는 등 백방으로 (   )았/었으
   나 헛수고였다.

2) 수술실 밖에서 가족들이 수술이 무사히 끝나기를 (   )게 기다리고 있어요.

3) 작품성이 있는 영화이지만 상영관을 구하지 못해서 (   )고 있다고 합니다.

3. 알맞은 단어를 넣어 이야기를 완성하십시오.

끔찍하다   들이받다   뒤엉키다   잇따르다

졸음운전을 하던 고속버스 운전자가 속도를 줄이지 못해 앞에 정지해 있던 승용차를 1) (   )
(으)ㄴ/는 사고가 발생했습니다. 이 사고로 뒤에서 2) (   )던 차량들이 서로 부딪혀 3)
(   )(으)면서 일대가 아수라장이 됐습니다. 졸음운전으로 인해 승용차에 타고 있던 4명이 모두
사망하는 4) (   )(으)ㄴ/는 사고였습니다.

4. 보기와 같이 문장을 바꿔 쓰십시오.

> 보기 고맙다고 절을 해도 부족한 상황인데 오히려 화를 내고 있어요.
> → 고맙다고 절을 해도 부족한 판에 오히려 화를 내고 있어요.

1) 수납공간이 부족해서 있는 물건도 하나씩 정리해야 하는데 뭘 또 사려고 해요?

　　→ _____

2) 겨울이 다 지나가고 있는데 무슨 겨울 코트를 산다고 그러세요?

　　→ _____

3) 지금 실력으로는 토픽 초급 합격도 어려운데 중급 시험을 보라니요?

　　→ _____

4) 장사가 안 돼 파리만 날리고 있는데 월세를 또 올린다고 하네요.

　　→ _____

5) 오래 농사짓던 사람도 미래가 없다고 떠나는데 귀농해서 농사를 짓겠다니요?

　　→ _____

5. 다음 대화를 완성하십시오.

1) 가: 2~3살 때부터 외국어를 가르쳐야 발음이 좋대요. (자기 나라말도 제대로 못하다)

　　나: 세상에. _____ 무슨 외국어예요?

2) 가: 손바닥으로 하늘을 가릴 수 있겠어요? (모든 죄가 명명백백하게 드러났다)

　　나: 그러게요. _____ 왜 저렇게 버티는 걸까요?

3) 가: 수족처럼 부리던 아랫사람이 곤경에 처했는데 나 몰라라 했대요. (발 벗고 나서서 도와줘도 모자라겠다)

　　나: 정말요? _____ 외면을 하다니.

4) 가: 태풍 피해자 돕기 모금에 돈을 내야 하지 않을까요? (쪼들리다)

　　나: 그러게요. 우리도 _____ 돈 쓸 일이 또 생겼네요.

6. 보기와 같이 문장을 만드십시오.

보기 어머니의 사랑 / 세상 무엇과도 비교할 수 없는 위대한 것이다.
→ 어머니의 사랑이야말로 세상 무엇과도 비교할 수 없는 위대한 것입니다.

1) 자연재해 / 인간의 힘으로는 도저히 어쩔 수 없는 천재지변입니다.

→ _____

2) 안전띠 착용 / 교통안전을 위해 우리가 지켜야 할 가장 기본적인 의무입니다.

→ _____

3) 로봇 / 미래 사회가 어떻게 변할지 가장 잘 보여 주는 상징적인 존재이다.

→ _____

4) 출산율 감소 / 당장 조치를 취하지 않으면 안 될 심각한 문제라고 생각합니다.

→ _____

5) 상대방의 얘기를 잘 듣는 것 / 타인과 소통을 잘하기 위한 첫걸음이라 할 수 있다.

→ _____

7. 알맞은 단어를 골라 대화를 완성하십시오.

건강 교사 치매 환경문제

1) 가: 아이들을 가르치는 일에 대해 회의를 느낄 때가 있어요.

나: 무슨 말씀이세요? _____ 학생들을 통해 미래를 창조하는 가치 있는 직업이지요.

2) 가: 황사와 미세먼지로 인해 맑고 깨끗한 하늘을 보는 게 하늘의 별 따기네요.

나: 맞아요. _____ 우리가 해결해야 할 가장 큰 숙제인 것 같습니다.

3) 가: 어떤 질병이 가장 무서운 질병이라고 생각하세요?

나: 사랑하는 가족도 몰라보는 _____ 가장 두려운 병이 아닐까요?

4) 가: 행복한 노후를 위해 가장 중요한 것이 뭐라고 생각하세요?

나: 글쎄요. 몸이 아프면 아무 것도 할 수 없으니 _____ 제일 중요한 것 같아요.

1. 밑줄 친 부분과 비슷한 의미의 단어를 골라 알맞게 쓰십시오.

> 눈여겨보다　꼽다　덤비다　떠오르다　소신

1) 잘사는 나라라고 하면 제일 먼저 어느 나라를 지목할 수 있을까요?

2) 자기보다 힘이 센 상대에게 마구 대드는 것처럼 어리석은 게 또 있을까?

3) 그 나라의 경제 성장은 큰 이슈가 되었고 경제 전문가들이 주의 깊게 살펴보고 있다.

4) 외부의 압력에 쉽게 굽히지 않고 자신이 믿는 바대로 일을 추진하는 사람이에요.

5) 아무리 생각해도 해결책은 생각나지 않고 시간만 흐르니 걱정이 깊어만 간다.

2. 알맞은 단어를 골라 넣으십시오.

> 조바심　노파심　경쟁심　자만심　허영심

1) 아이를 키우는 부모는 (　　　　　　)을 내지 말고 곁에서 말없이 바라봐 줘야 해요.

2) 적당한 (　　　　　　)은 학습 의욕을 불러일으킬 수 있으나 지나친 것은 좋지 않다.

3) 남에게 과시하고 싶은 마음은 (　　　　　　)으로 이어져 분수에 맞지 않는 소비를 하게 됩니다.

4) 목표를 달성했다고 해서 (　　　　　)에 빠지지 말고 겸손한 마음으로 노력해야 해.

5) 못 믿어서가 아니라 혹시나 하는 (　　　　　)에서 말씀드리는 것이니 기분 나빠하지 마세요.

3. 알맞은 단어를 골라 쓰십시오.

> 우월감　자족감　절망감　존재감　포만감

1) 사업 실패와 주위 사람들의 배신 등으로 한동안 (　　　　　　)에 빠져 있었다.

2) 그의 (　　　　　)은 대단해서 어디에 있든지 금방 눈에 띌 정도이다.

3) 자신이 남보다 낫다고 여기는 (　　　　　)이 지나치면 다른 사람을 무시하게 된다.

4) 행복의 기준 가운데 하나는 얼마나 (　　　　　)을 가지고 사느냐 하는 겁니다.

5) 칼로리는 높지 않으면서 어느 정도 (　　　　　)을 줄 수 있는 음식이 좋습니다.

-는 통에

4. 보기와 같이 두 문장을 연결하십시오.

> 보기 아이가 밤새 기침을 해댑니다. 그래서 잠을 설쳤습니다.
> → 아이가 밤새 기침을 해대는 통에 잠을 설쳤습니다.

1) 옆 차선 운전자들이 갑자기 끼어들어요. 무서워서 운전을 못하겠어요.

    → _____

2) 요즘 시도 때도 없이 폭우가 쏟아집니다. 농사 일이 너무 힘들어졌어요.

    → _____

3) 사람들이 뛰어다니고 야단법석을 떱니다. 우리도 불안해서 몸을 피했습니다.

    → _____

4) 처음 본 사람이 사생활에 대해 이것저것 캐물었어요. 그래서 정말 짜증이 났어요.

    → _____

5. 보기와 같이 대화를 완성하십시오.

> 보기 가: 어제 본 연속극 재방송인데 왜 또 봐요? (아이들이 하도 떠들어서)
> 나: 아이들이 하도 떠드는 통에 제대로 못 봤거든요.

1) 가: 연락이 통 안 돼서 찾아왔는데 무슨 일이 있었어요? (여러 일들이 한꺼번에 터져서)

    나: _____ 온종일 정신없이 바빴습니다.

2) 가: 기숙사의 룸메이트하고는 잘 지내나요? (네, 그런데 틈만 나면 놀러 가지고 해서)

    나: _____ 공부를 전혀 못하고 있어요.

3) 가: 아직 여유가 있는데 왜 이렇게 급히 하려고 해요? (사람들이 재촉을 해서)

    나: _____ 나까지 덩달아 서두르게 되네요.

4) 가: 오늘은 모기장을 치고 자는 거야? (모기가 물어서)

    나: _____ 잠을 잘 수가 없더라고.

제16과 '잘산다'라는 말을 들으면 먼저 무슨 생각이 떠올라? 59

6. 보기와 같이 알맞은 것끼리 서로 연결하십시오.

보기 그 화재는 내가 들은 바에 의하면 •

• ① 요구하는 바가 많아서 결렬되었어요.

• ② 방화에 의한 것이었다고 해요.

1) 이렇게 극진히 대접해 주셔서 •

• ③ 논의해서 수정하도록 하겠습니다.

2) 노사가 협상하는 과정에서 노조 쪽이 •

3) 항간에 떠도는 바로는 •

• ④ 정말 몸 둘 바를 모르겠습니다.

4) 이 계획안에 대해 느끼신 바를 말해 주시면 •

• ⑤ 말씀드리기가 어렵습니다.

5) 그 분야에 대해 특별히 아는 바가 없어서 •

• ⑥ 그 독재자가 아직 살아 있다고 해요.

7. 보기와 같이 대화를 완성하십시오.

보기 가: 해외 진출을 위해 그동안 동분서주하셨는데 기분이 어떠세요? (목적한 일)
나: 목적한 바를 이루어서 그저 기쁠 따름입니다.

1) 가: 우리 연구소에 새로 부임하는 소장님은 어떤 분이세요? (들은 사실)

   나: ＿＿＿＿＿＿＿＿＿＿＿＿에 의하면 성품도 인자하시고 일에 대한 추진력도 있으신 분이라고 해요.

2) 가: 유엔 평화유지군으로 파병되어 드디어 떠나시는군요. 건투를 빕니다. (맡은 일)

   나: ＿＿＿＿＿＿＿＿＿＿＿＿임무를 충실히 이행하고 돌아오겠습니다.

3) 가: 우주에서 바라본 지구는 어떤 모습이었나요? (비할 것)

   나: 그 무엇에도 ＿＿＿＿＿＿＿＿＿＿가 없이 아름답고 환상적이었어요.

4) 가: 옆자리 승객이 호흡곤란으로 갑자기 쓰러져서 어떻게 됐어요? (어찌할 방법)

   나: 놀라서 ＿＿＿＿＿＿＿＿＿＿를 모르고 당황했는데 곧 승무원이 응급처치를 했어요.

어휘와 표현

1. 밑줄 친 부분과 바꾸어 쓸 수 있는 단어를 골라 알맞게 쓰십시오.

> 걸맞다   기대다   얹혀살다   진전되다   펼쳐지다

1) 그 여자는 '여장부'라는 별명에 잘 어울리게 성격이 호탕하고 대범했다.

2) 가진 돈이 없어 다른 사람 집에 빌붙어 살다 보니 눈치만 늘었어요.

3) 자녀의 앞길에 꽃길만 나타나기를 바라는 것은 모든 부모의 마음일 것이다.

4) 예산 부족으로 인해 신제품 개발 사업이 더 이상 앞으로 나아가지 못하고 있어요.

5) 부모가 돌아가시고 나니 자신의 몸 하나 의지할 곳 없는 처지가 된 기분이래요.

2. 알맞은 단어를 골라 쓰시오.

> 꾸리다   떨치다

1) 아무 일도 없을 거라고 고개를 내 저었지만 불길한 생각을 (   )(으)ㄹ 수가 없어요.

2) 여행을 가는 것은 설레지만 짐을 (   )(으)ㄴ/는 일은 정말 귀찮아요.

3) 그 학교는 노벨상 수상자를 많이 배출한 학교로 명성을 (   )고 있습니다.

4) 철없어 보이던 동생이 신혼살림을 제법 잘 (   )아/어 나가는 걸 보니 기특했다.

3. 알맞은 말을 골라 쓰십시오.

> 손을 놓다   손을 벌리다   손을 뻗치다   손을 쓰다

1) 집값이 천정부지로 뛰어서 집을 살 때 부모님께 (   )(으)ㄹ 수밖에 없었어요.

2) 갑자기 벌어진 일이라서 어떻게 (   )(으)ㄹ 겨를도 없었어요.

3) 처음에는 도박장만 운영하다가 나중에는 마약 판매에까지 (   )았/었대요.

4) 멍하니 (   )고 있지 말고 어서 서둘러서 끝냅시다.

4. 보기와 같이 문장을 바꿔 쓰십시오.

> 보기 아무리 옆에서 떠들어 대도 그 사람은 자기 고집대로 할 거예요.
> → 아무리 옆에서 떠들어 대 봤자 그 사람은 자기 고집대로 할 거예요.

1) 매일매일 뼈 빠지게 일해도 대출 이자 갚느라고 돈을 모을 수가 없어요.

→ _____

2) 돌아가신 어머님 영정 앞에서 아무리 울어도 무슨 소용이 있겠어요?

→ _____

3) 암이 온몸에 퍼진 탓에 수술을 해도 가망이 없다고 해서 포기했어요.

→ _____

4) 집이라고 해도 방 한 칸밖에 없는 조그만 집이에요.

→ _____

5. 보기와 같이 대화를 완성하십시오.

> 보기 가: 아이가 유치원에서 제멋대로 행동하지 않도록 잘 가르쳐 보세요.
> 나: 가르쳐 봤자 그때뿐이고 또 마찬가지예요.

1) 가: 결혼식장을 예약해야 하는데 하객이 너무 많이 오지는 않겠지?

나: _____ 오륙십 명 이내일 거야.

2) 가: 일이 이렇게 되기 전에 좀 더 노력해 볼걸. 너는 후회가 되지 않아?

나: _____ 무슨 소용이 있겠어?

3) 가: 복권을 사서 대박을 꿈꾸는 사람이 많은데 우리도 한 장 사 볼까?

나: _____ 당첨되기는 하늘의 별 따기일걸.

4) 가: 불고기가 좀 싱거운데 간장을 반 숟가락만 더 넣을까?

나: _____ 소용없어, 두 숟가락은 넣어야지.

6. 보기와 같이 문장을 바꿔 쓰십시오.

> 보기 승객이 호흡곤란을 일으켰는데 다행히 의사가 탑승하고 있어서 살았어요.
> → 의사가 탑승하고 있었기에 망정이지 하마터면 승객이 죽을 뻔했어요.

1) 옷을 뒤집어 입고 나왔는데 다행히 밤이라 어두워서 창피당하지 않았어요.

→ _____

2) 골키퍼가 신들린 것처럼 상대 골을 다 막아내서 우리가 이길 수 있었어요.

→ _____

3) 지진이 났을 때 건물이 무너졌는데 그 안에 사람이 없어서 피해가 크지 않았어요.

→ _____

4) 한파로 농사를 망칠 수도 있었는데 서둘러 과실을 수확해서 농사를 망치지 않았다.

→ _____

5) 손님이 채식주의자인 걸 미리 알지 못했다면 고기 요리만 준비했을 것이다.

→ _____

7. 다음 대화를 완성하십시오.

1) 가: 산 중턱쯤 올라갔을 때 갑자기 폭우가 쏟아졌다면서요? (우산과 우비를 챙겼다)

　나: _____ 고생할 뻔했지 뭐예요?

2) 가: 이 신용카드는 외국에서 사용할 수 없는 거더라. (달러가 있었다)

　나: 아이고, _____ 아무것도 못 살 뻔했네.

3) 가: 운전 중에 도로상에서 갑자기 차가 멈춰 서서 놀랐겠어요. (차가 별로 없었다)

　나: _____ 사고 날 뻔했어요.

4) 가: 버스는 크게 부서졌는데 부상자는 많지 않았다면서요? (승객들이 안전벨트를 했다)

　나: _____ 사망자가 생겼으면 어쩔 뻔했어요?

어휘와 표현

1. 관계가 있는 단어를 찾아 쓰십시오.

> 굴레   묘미   자양분   현지인

1) 어떤 것에 대해 보통과 다르게 느껴지는 재미 ( )

2) 그 지역에 자리를 잡고 사는 사람을 말함 ( )

3) 몹시 구속하거나 얽매는 일을 비유할 때 쓰는 말 ( )

4) 몸을 좋게 하는 성분으로 정신의 성장에 도움을 주는 것들을 비유적으로 말함 ( )

2. 단어의 의미가 맞는 것을 골라 쓰고, ( ) 안에 알맞은 것을 넣으십시오.

> 가려듣다   새겨듣다   주워듣다   흘려듣다

1) 마음속으로 잊지 않도록 잘 주의해서 듣는 것 ( )

2) 말의 옳고 그름, 좋고 나쁨을 구별하여 듣는 것 ( )

3) 주의 깊게 듣지 않는 것 ( )

4) 우연한 기회에 한마디씩 들어서 아는 것 ( )

5) 어른들의 말을 잔소리로 ( )지 말고 잘 ( )는 것이 좋아요.

6) 어디선가 ( )(으)니는 말은 사실이 아닐 수도 있어요. 사람들 사이에 떠도는 이야기는 다 믿으면 안 되고 ( )어/여야 해요.

3. 밑줄 친 단어의 의미에 해당하는 것을 고르십시오.

> ① 발을 대고 누르다   ② (어떤 장소를) 직접 가다   ③ 몰래 따라가다   ④ 거쳐 나가다

1) 사설탐정을 고용해서 그 사람의 뒤를 밟고 있어요. ( )

2) 아이는 새로 산 자전거의 페달을 신나게 밟으며 앞으로 나아갔다. ( )

3) 몇 십 년 만에 고향의 땅을 밟으니 감회가 새롭습니다. ( )

4) 채무자를 고발하려면 법적인 절차를 밟아야 합니다. ( )

4. 두 사람의 대화가 될 수 있도록 관계있는 것끼리 연결하십시오.

1) 감기에 몸살까지 겹쳐서 죽을 뻔 •
했어요.

2) 목이 쉬어서 목소리가 나오지 않 •
아요.

3) 채무 때문에 집이 경매에 넘어갔 •
어요.

4) 어지러워서 병원에 갔더니 영양실 •
조라고 하더라고요.

5) 어제 술을 마시다가 필름이 끊겨서 •
어떻게 집에 갔는지 모르겠어요.

• ① 주량도 모르면서 주는 대로 술
을 받아 마시더라니.

• ② 살 뺀다고 다이어트를 심하게 하
더라니.

• ③ 응원한다고 그렇게 소리를 지르
더라니.

• ④ 병원에도 안 가고 며칠째 쉬지도
않더라니.

• ⑤ 겁 없이 큰돈을 사채업자에게 빌
려 쓰더라니.

5. 보기와 같이 대화를 완성하십시오.

> 보기 가: 크리스 씨가 과로로 쓰러져서 입원했어요. (파김치가 되도록 몸을 혹사했다)
> 나: 파김치가 되도록 몸을 혹사하더라니.

1) 가: 그 사람이 공갈협박죄로 감옥에 가게 되었어요. (맨날 불량배들하고 어울렸다)

나: _____

2) 가: 오 선배가 큰 회사를 인수해서 사장이 되었대요. (피땀 흘려 일했다)

나: _____

3) 가: 이제 아무도 그 사람을 신뢰하지 않아요. (허구한 날 거짓말만 일삼았다)

나: _____

4) 가: 계약서를 꼼꼼히 살피지 않아서 실수를 했어요. (어쩐지 급하게 하는 것 같았다)

나: _____

-(으)ㄹ 법하다

6. 보기와 같이 문장을 바꿔 쓰십시오.

> **보기** 상상의 세계에서나 일어날 가능성이 있는 일들이 진짜 일어나기도 해요.
> → 상상의 세계에서나 일어날 <u>법한</u> 일들이 진짜 일어나기도 해요.

1) 남편의 아내에 대한 헌신적인 사랑은 영화에 나올 것 같은 이야기였어요.

→ _____

2) 생활고에 시달리는 친구의 부탁을 들어줄 만한데도 그는 냉정하게 거절했어요.

→ _____

3) 범죄자의 최후 진술은 동정을 살 수도 있었으나 배심원들은 냉정하게 판결을 내렸습니다.

→ _____

4) 자존심이 센 사람이라 기분 나쁘면 따질 것도 같은데 소란 피우기 싫은지 조용하더라고요.

→ _____

7. 보기와 같이 대화를 완성하십시오.

> **보기** 가: 안데르센 동화집은 유명한가요? (네, 어렸을 때 누구나 한 번쯤 읽었다)
> 나: 네, 어렸을 때 누구나 한 번쯤 <u>읽었을 법한</u> 책이지요.

1) 가: 돼지꿈을 꾸고 복권을 샀더니 1등에 당첨되었대요. (흔한 일은 아니지만 있다)

나: _____ 일이에요.

2) 가: 그 연예인은 정말 열심히 하는데도 왜 안 뜨는지 모르겠어요.
  (글쎄요, 얼굴도 잘생기고 재능도 있어서 뜨다)

나: _____ 이상하게 인기가 없지요?

3) 가: 우리 부모님은 평생을 외국에서 살았는데도 아직도 한국의 풍습을 그대로 지키면서 살고 있어요.
  (세월이 지나면 잊어버리다)

나: _____ 두 분이 대단하시네요.

4) 가: 같이 일하는 동료가 성격이 진짜 좋다면서요? (짜증이 나다)

나: 네, 까다로운 고객을 상대할 때 _____ 늘 상냥해요.

1. 알맞은 단어를 골라 넣으십시오.

> 느닷없이   모쪼록   문득문득   악착같이   얼떨결에   우왕좌왕   자칫

1) 선수들이 지쳤음에도 불구하고 끝까지 열심히 뛰고 상대 공격을 차단하기 위해 (   ) 밀착 수비를 한 것이 승리의 요인이었다.

2) 친구가 어렵사리 입사한 회사를 잘 다닌다 싶었는데 어느 날 (   ) 사표를 내겠다고 하는 거예요.

3) 그 작사가는 일상생활 중에 (   ) 떠오르는 생각을 메모해 두었다가 작사를 할 때 참고한다고 합니다.

4) 주연 배우가 사고로 무대에 서지 못하게 되자 갑자기 감독님이 저한테 대신 하라고 하셔서 (   ) 첫 무대에 서게 되었습니다.

5) 다른 사람에게 후원을 부탁하는 것이 결코 쉬운 일이 아닙니다. 특히 친한 사람에게는 (   ) 부담을 줄까 봐 더 조심스럽습니다.

6) 한 달째 무더위가 기승을 부리고 있습니다. (   ) 건강에 유의하시기 바랍니다.

7) 아무도 예상치 못했던 돌발 사태로 인해 사람들은 갈피를 못 잡고 (   )하기 시작했습니다.

2. 밑줄 친 부분과 바꿔 쓸 수 있는 말을 골라 알맞게 쓰십시오.

> 공정하다   급박하다   안일하다   어련하다   애매모호하다   쪼들리다

1) 이제 어른이 되었으니 네 일은 <u>걱정하지 않아도</u> 네가 알아서 잘 하겠지만 엄마는 그래도 늘 걱정이 된다.

2) 각 정당의 대표들은 이번 선거가 <u>공평하고 올바르게</u> 치러질 수 있도록 해야 한다고 말했습니다.

3) 지진이 일어나 <u>매우 급한</u> 상황에서도 사람들이 침착하게 대피하더라고요.

4) 부정도 긍정도 아닌 <u>알쏭달쏭한</u> 표정으로 그는 내 질문에 대한 대답을 얼버무리려 했다.

5) 해마다 오르는 학비 때문에 <u>생활이 넉넉하지 못하고 어려운</u> 학생들의 부담을 덜어 주고자 학교 측은 새로운 장학금 시스템을 도입했다.

6) 환경 문제에 대해 '이 정도쯤이야' 하면서 <u>적당히 처리하려는</u> 대응을 했다가는 재앙을 면하기 어렵다.

3. 알맞은 표현을 고르십시오.

1) 정기적으로 (훈련을 해 온 터라 / 훈련을 해 온 판에) 위기 상황에서 당황하지 않고 잘 대처해 나갈 수 있었어요.

2) 학생들을 칭찬해 주어도 (모자랄 판에 / 모자라는 통에) 자꾸 야단을 치면 어떡해요?

3) 이번 지진의 진원지가 (보고된 바에야 / 보고된 바로는) 울릉도 남쪽 해상에서 40킬로미터 떨어진 지점이라고 합니다.

4) '독립'을 외치며 호기롭게 집을 나갔다가 1년도 못 버티고 다시 집으로 들어갔어요. (뛰더라니 / 뛰어봤자) 벼룩이었던 거지요.

5) 지진 대피 요령에 대해 (새겨들었을망정 / 새겨들었기에 망정이지) 그렇지 않았으면 허둥대다가 큰일 날 뻔했어요.

4. ( ) 안에 있는 유형을 이용하여 비슷한 의미의 문장을 만드십시오.

1) 대학 등록금을 마련하느라고 방학 때마다 아이들을 가르치기도 하고 편의점에서 아르바이트도 하면서 바쁘게 지냈어요. (-(으)랴 -(으)랴)

→ _____

2) 무엇보다 현지인과 함께 지낸 며칠간의 여행은 문화가 다른 사람들을 진심으로 이해할 수 있는 멋진 경험이었어요. (-이야말로)

→ _____

3) 재난 구조 활동은 위험이 따르고 전문성이 요구되는 일이기 때문에 아무나 할 수는 없다. (-(으)니만큼)

→ _____

4) 기업은 탈세를 일삼고 관료들은 썩을 대로 썩었으니 나라 경제가 좋아지지 않는 건 너무나 당연합니다. (-(으)ㄹ 턱이 없다)

→ _____

5) 친구가 허리 통증이 심해서 병원에 갔다고 한다. 평소에 앉은 자세가 바르지 않아서 그럴 줄 알았다. (-더라니)

→ _____

어휘와 표현

1. 밑줄 친 말과 바꾸어 쓸 수 있는 단어를 골라 알맞게 쓰십시오.

거슬리다 들뜨다 밋밋하다 반질반질하다

1) 환영 만찬에 참석한 그녀의 옷차림은 명성과 위상에 비해 너무 특징이 없고 평범했다.

2) 그 사람의 오만한 태도와 거방진 말투가 내내 귀에 언짢고 기분이 상하였다.

3) 학교에 연예인이 온다고 하니까 아침부터 분위기가 차분하지 않아서 수업이 안 된다.

4) 지저분했던 바닥을 걸레로 닦고 또 닦아서 아주 매끄럽고 윤기가 있게 해 놓았다.

2. 알맞은 단어를 골라 쓰십시오.

까칠하다 끼다 매끄럽다 은은하다

1) 세 살배기 딸은 아빠의 턱수염이 (   )다면서 얼굴을 찡그린다.

2) 그 행사의 진행자가 진행을 아주 (   )게 해서 분위기가 자연스러웠다.

3) 계곡의 그늘진 바위틈에는 이끼가 많이 (   )아/어 있습니다.

4) 한옥은 문에 종이를 발라서 밤이 되면 달빛이 (   )게 비쳐 방안으로 들어온다.

5) 며칠 앓아누웠다고 하더니 얼굴이 영 (   )아/어졌구나.

6) 번역된 책을 읽다 보면 어딘가 (   )지 못한 문장이 많이 있다.

7) 인류의 문화는 큰 강을 (   )고 있는 도시를 중심으로 발달하였다.

3. 알맞은 단어를 골라 넣으십시오.

갓 한결

1) 전공을 살릴 수 있는 부서로 옮기니 (   ) 회사 일이 재미있어졌습니다.

2) 이제 (   ) 회사에 들어온 신입한테 어떻게 이런 일을 맡겨요?

3) 벽지를 좀 화사한 색으로 바꾸었더니 집안 분위기가 (   ) 밝고 좋아요.

4) 바닷가에서 (   ) 잡은 생선으로 탕을 끓이면 비린내가 전혀 안 나고 맛있어요.

4. 보기와 같이 문장을 만드십시오.

> 보기 아이가 아주 작은 소리로 어머니에게 말할 때
>
> → 아이가 들릴락 말락 한 소리로 어머니에게 말했습니다.

1) 비가 아주 조금 오다가 거의 그쳤을 때

→ _____

2) 산꼭대기에 올라갔는데 우리 집이 아주 작은 점으로 보일 때

→ _____

3) 초등학교 친구의 이름이 기억날 듯하면서 안 날 때

→ _____

4) 선반 위에 물건을 올려놓았는데 거의 떨어질 듯 불안할 때

→ _____

5) 농구 선수가 버스를 탔는데 키가 커서 머리가 거의 천장에 닿을 것 같을 때

→ _____

5. 다음 대화를 완성하십시오.

1) 가: 날씨가 흐린데 태양이 보이나요? (구름이 짙게 끼어서 구름 사이로 보이다)

나: _____

2) 가: 불고기에는 참기름이 들어가야 하는데 조금밖에 없는 것 같네. (밑바닥에 조금 남아서 한 방울 나오다)

나: _____

3) 가: 바지가 길어서 줄이려고 하는데 얼마나 줄일까? (발목이 보이다)

나: 여름이니까 _____ 길이가 적당할 것 같은데.

4) 가: 요즘 장사가 잘된다면서? 돈 많이 벌어서 저축도 해야지? (이제 겨우 이익이 나다)

나: 지난달까지 적자였어. _____

6. 보기와 같이 대화를 완성하십시오.

> 보기 가: 성공하고 싶으면 어떻게 해야 할까요? (성실하게 꾸준히 한 우물을 파다)
> 나: 성실하게 꾸준히 한 우물을 파노라면 언젠가는 성공할 수 있어요.

1) 가: 머리끝까지 화가 났을 때 어떻게 참아요? (크게 숨을 쉬고 깊게 호흡하다)

   나: _____ 좀 진정이 되지 않아요?

2) 가: 매일 다람쥐 쳇바퀴 도는 것 같은 생활이라 삶이 지루하고 재미없어요.

   (가끔씩 기분 전환으로 여행을 하다)

   나: _____ 다시 활력이 생길 거예요.

3) 가: 화초를 잘 키우고 싶은데 방법을 모르겠어요. (정성을 들여서 키우다)

   나: _____ 잘 자랄 거예요.

4) 가: 젊어서부터 농사를 짓고 있는데 힘들지 않으세요? (가을이 되어 열매 맺는 것을 보다)

   나: _____ 힘들었던 것도 잊게 됩니다.

5) 가: 어떻게 하면 인생을 행복하게 살 수 있어요?

   (욕심과 집착을 버리고 항상 즐거운 마음으로 살다)

   나: _____ 행복해 지지 않을까요?

7. 보기와 같이 문장을 완성하십시오.

> 보기 동료들과 어려움을 함께 나누노라면 서로에게 힘이 되고 동료애도 생깁니다.

1) 복잡한 시내에서 운전을 하노라면 _____

2) 결혼해서 아이를 낳아 키우노라면 _____

3) 진정 원하는 것을 늘 맘속에 품고 노력하노라면 _____

4) 옛날 사진들을 보고 있노라면 _____

5) 별들이 총총한 밤하늘을 바라보노라면 _____

어휘와 표현

1. 알맞은 단어를 고르십시오.

1) 어제 회식이 있어서 과음을 했더니 속이 (쓰립니다. / 쑤십니다.)

2) 오랜만에 축구를 했더니 근육이 뭉쳐서 다리가 (시큰거려요. / 뻐근해요.)

3) 상처가 났었는데 약을 바르지 않고 그냥 두었더니 (뭉쳐 / 곪아) 버렸어요.

4) 감기에 몸살까지 겹치는 바람에 온몸이 (뻣뻣하고 / 쑤시고) 아파서 혼났어요.

5) 산에서 내려오다가 돌부리에 걸려서 발목을 (삐끗했어요. / 긁었어요.)

2. 보기 와 같이 관계가 있는 문장을 찾아 연결하십시오.

보기 칼로 손가락을 베어 상처가 • 나서 쓰립니다.

• ① 절대 긁지 마시고 가려움을 진정시켜 주는 약을 발라 주세요.

1) 모기한테 물린 자국이 너무 가려 • 워요.

• ② 맵고 짠 음식과 카페인 섭취를 삼가고 금연 과 절주를 하십시오.

2) 위염이 생겨 속이 쓰려요. •

• ③ 소독하고 연고를 바른 다음 상처가 덧나지 않게 밴드를 붙여 주세요.

3) 앉아서 컴퓨터만 두드렸더니 어깨 • 근육이 뭉쳐서 뻐근해요.

• ④ 소독을 한 후 염증 치료 약을 발라 주세요.

4) 엄지발톱이 살을 파고들어 발가락 • 이 하얗게 곪았어요.

• ⑤ 마사지를 해서 근육을 풀어 주고 자주 스트 레칭을 해 주십시오.

3. 알맞은 단어를 골라 쓰십시오.

뭉치다 뻣뻣하다

1) 주먹밥이란 밥에다 양념을 한 다음 주먹만 하게 (   )(으)ㄴ/는 밥을 말해요.

2) 세탁할 때 섬유 유연제를 넣으면 빨래가 말랐을 때 (   )지 않고 촉감이 부드러워져요.

3) 그 친구는 상냥하지 않고 (   )게 구는 것 같지만 친해지면 안 그래요.

4) 어려움에 처했을 때 가족들이 하나로 (   )아/어서 극복해 나갈 수 있었다.

4. 보기와 같이 문장을 바꾸십시오.

> 보기   형들은 왜 맨날 막내인 나한테만 심부름을 시키는지 모르겠다.
> → 형들은 왜 맨날 막내인 나한테만 심부름을 시킨담.

1) 성격도 괴팍하고 태도도 건방진 사람이 왜 여자들에게 인기가 있는지 모르겠다.

→ _____

2) 첫 아이를 낳은 지 10년이 지났는데 이제 와서 어떻게 둘째를 낳을지 걱정이다.

→ _____

3) 일이 산더미 같이 쌓여 있는데 누구한테 도와 달라고 할지 모르겠다.

→ _____

4) 여름에 30도가 넘는 작업장에서 에어컨도 없이 어떻게 온종일 일할지 걱정된다.

→ _____

5) 어제 마사지도 받았고 스트레칭도 했는데 왜 계속 다리가 땅기는지 모르겠다.

→ _____

5. 보기와 같이 대화를 완성하십시오.

> 보기   가: 우리 사장님은 매일 잠을 3시간만 자고 일하신대요.
> 나: 사람이 어떻게 날마다 3시간만 자고 일한담.

1) 가: 올림픽에서 금메달을 따려면 지금보다 더 훈련 강도를 높여야 해요.

나: _____

2) 가: 시간이 촉박하니까 원고를 오늘 자정까지 마무리해서 보내 주세요.

나: _____

3) 가: 부장님, 회의에서 통역을 맡은 분이 사정이 생겨서 못하겠다고 연락이 왔어요.

나: _____

4) 가: 부동산에 알아봤더니 이 동네에는 우리한테 맞는 적당한 집이 없는 거 같아.

나: _____

6. 보기와 같이 문장을 바꿔 쓰십시오.

> 보기 처음에는 말로 싸우다가 급기야는 주먹이 오고 가면서 싸움이 험악해졌어요.
> → 말로 싸우다 못해 주먹이 오고 가면서 싸움이 험악해졌어요.

1) 도시에서 버텨 보려고 했지만 결국 포기하고 고향에 내려와 농사를 짓기로 했어요.

   → _____

2) 그 사람의 얼굴은 병색이 완연해서 금방이라도 쓰러질 것만 같았어요.

   → _____

3) 제 친구는 직장 상사의 괴롭힘을 참고 참았지만 끝내 사직서를 내고 말았어요.

   → _____

4) 몸살이 났는지 온몸이 쑤시다가 급기야는 바늘로 콕콕 찌르는 듯 마구 아팠어요.

   → _____

5) 우리 언니는 지나치게 예민하고 깔끔해서 마치 결벽증이 있는 것 같아요.

   → _____

7. 보기와 같이 대화를 완성하십시오.

> 보기 가: 친구가 무엇 때문에 삶을 포기하려고 한 것 같아요? (빚쟁이들에게 시달리다)
> 나: 빚쟁이들에게 시달리다 못해 삶을 포기하려고 한 것 같아요.

1) 가: 사장님이 애완견하고 같이 회사에도 출근한단 말이에요? (네, 애완견을 너무 예뻐하다)

   나: _____ 출근할 때 데리고 오시네요.

2) 가: 왜 그렇게 무리해서 집을 샀어요? (어린아이들을 데리고 매년 이사를 다니다)

   나: _____

3) 가: 시상식에서 금메달을 목에 걸자 왜 울음을 터트렸어요? (너무 감격스럽고 기쁘다)

   나: _____

4) 가: 그 남자가 마약을 하다가 경찰에 붙잡혔다면서요? (허구한 날 도박을 하다)

   나: _____

제21과   -(으)ㄴ 나머지   -노라니까

1. 보기와 같이 밑줄 친 말과 바꾸어 쓸 수 있는 말을 골라 알맞게 쓰십시오.

낙담하다   막막하다   뿌듯하다   소름 끼치다   순탄하다   허전하다

1) 끝내 포기하지 않고 산 정상까지 오르니 더할 나위 없이 <u>기쁨과 감격으로 가득 찼다.</u>

2) 그 감독은 <u>오싹하고 온몸이 움츠러들</u> 만큼 무서운 공포 영화를 만들고 싶다고 했다.

3) 서로 반목하던 두 정상의 만남은 모두의 염려와는 달리 <u>아무 탈 없이</u> 진행되었다.

4) 그는 사업 실패로 빚더미에 올랐지만 <u>실망하지</u> 않고 재기를 위해 마음을 다졌습니다.

5) 지진으로 인해 삶의 터전이 무너져서 앞으로 어떻게 살아야 할지 <u>꽉 막힌 듯 답답해요.</u>

6) 놓여 있던 가구를 치웠더니 뭔가 <u>텅 빈</u> 느낌이 드네요.

2. 알맞은 단어를 골라 쓰십시오.

벅차다   어림없다

1) 제가 하기에는 너무 (   )(으)ㄴ/는 일을 맡아서 부담스러워요.

2) 네가 한번 도전해 보겠다고? (   )(으)ㄴ/는 소리 하지 마라.

3) 전쟁이 끝나자 국민들은 (   )(으)ㄴ/는 감정을 주체하지 못해 거리로 뛰쳐나왔다.

4) 하객이 200명 넘게 올 것 같은데 100인분으로는 (   )지 않을까?

5) 여유로운 생활은 꿈도 못 꾸고 생계를 꾸려 나가기도 사실은 좀 (   )(스)ㅂ니다.

3. 보기와 같이 문장을 바꾸십시오.

> 보기 돈을 물 쓰듯 하다가 결국 빚더미에 올라앉고 말았어요.
> → 돈을 물 쓰듯 한 나머지 결국 빚더미에 올라앉고 말았어요.

1) 한밤중에 화재경보기가 울리는데 너무 급하고 당황해서 잠옷 바람으로 뛰쳐나왔어요.

   → _____

2) 그 사람 말에 너무도 격분해서 두 주먹을 불끈 쥐고 부르르 떨었어요.

   → _____

3) 아들의 합격 소식에 너무 기뻐서 동네 사람을 다 초대해서 잔치를 벌였어요.

   → _____

4) 요즘 숨 쉴 틈도 없이 바쁜 탓에 중요한 약속을 깜빡해서 큰 실수를 했습니다.

   → _____

5) 선수들이 지나치게 승부에만 집착한 결과 반칙이 난무하고 부상자도 속출했어요.

   → _____

6) 후보들은 선거에 이기기에만 급급해서 서로 비방하고 가짜 뉴스를 만들어 냅니다.

   → _____

4. 보기와 같이 알맞은 문장을 연결하십시오.

보기 후배의 농담이 너무 불쾌한 나 •　　　　　　　• ① 근처 허름한 식당으로 들어갔다.
머지

1) 사업에 실패해서 궁지에 몰린 나머지 •　　　　　• ② 주먹으로 때릴 뻔했어요.

2) 여행지에서 돌아다니다 배고프고 지 •　　　　　• ③ 파업을 하기에 이른 거지요.
친 나머지

3) 너무 초조하고 긴장한 나머지　　　•　　　　　• ④ 가족을 버리고 도망치려고 했어요.

4) 직원들은 불만이 쌓일 대로 쌓인 나 •　　　　　• ⑤ 한동안 입을 다물지 못하고 있었다.
머지

5) 그 소식을 듣고 너무 놀란 나머지　•　　　　　• ⑥ 등줄기에서 식은땀이 주르르 흘렀어요.

5. 보기와 같이 문장을 바꾸십시오.

> 보기 한국에서 10년째 살아서 이제 말투는 물론 식성도 한국 사람 같아요.
> → 한국에서 10년째 <u>사노라니까</u> 말투는 물론 식성도 한국 사람 같아요.

1) 새로 난 길을 따라 걸으니까 못 보던 상점들이 하나둘 눈에 들어왔다.

→ _____

2) 그의 무례함과 불손함을 계속 참고 있자니 속에서 화가 치밀어 올랐어요.

→ _____

3) 한 달 동안 지출 항목을 꼼꼼히 기록하다 보니 나도 모르게 절약을 하게 돼요.

→ _____

4) 몇 번 사람들에게 속아서 당하니까 사람을 쉽게 믿을 수가 없게 됐어요.

→ _____

5) 오랫동안 가르치는 일을 해서 그런지 자연히 말과 행동에서 선생 티가 나요.

→ _____

6. 보기와 같이 대화를 완성하십시오.

> 보기 가: 몸과 마음이 몰라보게 건강해졌는데 비결이 뭐예요? (항상 긍정적인 마음으로 살다)
> 나: 항상 긍정적인 마음으로 사노라니까 몸과 마음이 건강해졌어요.

1) 가: 어떻게 이런 큰 집을 살 만큼 돈을 모았어요? (돈을 안 쓰고 버는 대로 저축하다)

나: _____

2) 가: 왜 이렇게까지 간이 망가졌어요? (하루도 **빼놓지** 않고 술을 마시다)

나: _____

3) 가: 다리가 예전에 비해 튼튼해졌군요. (날마다 운동 삼아 계단을 오르내리다)

나: _____

4) 가: 항상 옷을 단정하게 차려입으시는 것 같아요. (사람을 대하는 서비스업에 종사하다)

나: _____

어휘와 표현

1. 알맞은 말을 골라 쓰십시오.

목청을 높이다   목청이 터지다   엄두가 나다   엄두를 내다

1) 쥐꼬리만 한 월급으로는 우아한 문화생활을 할 (   )지 못합니다.

   사업에 실패하고 나니까 뭔가를 다시 시작하는 게 (   )지 않아요.

2) 집회에 모인 사람들의 호응이 절정에 이르자 연설자는 더욱 (   )았/었다.

   우리 팀이 막판에 1점 차로 따라붙자 우리는 (   )게 응원했어요.

2. 밑줄 친 부분과 의미가 같은 말을 골라 쓰십시오.

감히   꾸준히   선뜻

1) 이번 이웃돕기 행사가 단발성에 그치지 않고 중단 없이 계속 열리기를 희망합니다.

2) 적은 돈에도 벌벌 떨던 그가 그렇게 큰돈을 망설임 없이 바로 내놓을 줄 아무도 몰랐어요.

3) 어릴 때 너무 가난하게 살아 이런 호화로운 집은 주제넘게 느껴져 꿈도 꾸지 못했습니다.

3. 알맞은 단어를 골라 쓰십시오.

베풀다   봉사하다   부여하다   여기다   접목하다

퇴직 후 자신의 업무 경험과 기술을 1) (   )아/어 도움이 필요한 곳에서 2) (   )(으)
니/는 삶을 사는 이들이 늘고 있다. 비록 대단한 것이 아니라 해도 소중히 3) (   )(으)면서 의미를
4) (   )(으)니/는 삶, 사회와 이웃에게 5) (   )(으)니/는 삶을 사는 것이야말로 삶을 건강
하게 이끄는 힘이라 하겠다.

4. 알맞은 말을 골라 보기 와 같이 문장을 완성하십시오.

> 급한 불만 끄다   남 탓만 하다   법으로 규제하다   빼앗다   시도하다

> 보기 어떤 문제가 생겼을 때 근본적으로 해결해야지 그때그때 <u>급한 불만 끄려 들면</u> 나중에 더 큰 문제가 생겨요.

1) 욕심 많은 형이 동생이 가진 것까지 _____자 어머니가 제지하였다.

2) 부동산값이 급등했을 때 자연스럽게 시장에 맡기지 않고 정부가 _____(으)면 오히려 역효과가 나는 것 같습니다.

3) 청년실업이 심각하긴 한데 반면에 힘들고 보수가 적은 일은 애당초 _____지 않는 젊은이들도 문제입니다.

4) 무조건 _____지 말고 자신에게도 잘못이 없는지 되돌아보는 시간을 갖도록 하십시오.

5. 다음 대화를 완성하십시오.

1) 가: 남이 시키는 일을 하는 것과 자신이 좋아서 하는 일의 결과가 다르대요.

   나: 맞아요. 뭐든 자기가 나서서 _____지 않으면 아무 소용없어요.

2) 가: 이제는 모유를 그만 먹이시고 이유식을 시작하셔야 합니다.

   나: 네, 저도 알고 있어요. 그런데 이유식을 먹이려고 애를 쓰고 있지만 아이가 도무지 _____지 않아서 걱정이에요.

3) 가: 적은 돈으로도 기부를 시작할 수 있어요?

   나: 그럼요. _____(으)면 날마다 마시는 커피 한 잔 값으로도 가능해요.

4) 가: 요즘 집값이 많이 내렸다는데 은행 대출을 받아서 집을 사는 게 어때요?

   나: _____(으)면 살 수도 있겠지만 무리해서 사고 싶진 않아요.

5) 가: 아기 돌 사진이 잘 나왔네요. 아기가 가만히 있어요?

   나: 아니요. 사진 찍는 동안 _____지 않아서 힘들었어요.

6. 다음 문장을 보기와 같이 바꿔 쓰십시오.

> 보기 이번 기부 행사 모금액은 목표치를 달성하고도 남을 거라고 예상합니다.
> → 예상하건대 이번 기부 행사 모금액은 목표치를 달성하고도 남으리라 봅니다.

1) 경제적인 여유가 없어도 마음만 먹으면 기부할 수 있다고 생각해요.

→ _____ 아/어요.

2) 이 블랙박스 영상만 있으면 재판의 흐름을 완전히 바꿀 수 있다고 장담합니다.

→ _____ 다고 확신해요.

3) 부디 초심을 잃지 말고 전진하셔서 선대의 기업 정신을 이어나가시길 부탁드립니다.

_____ 았/었으면 좋겠습니다.

4) 자신의 욕심을 앞세우기보다는 지역 주민을 행복하게 만들 수 있는 인물이 당선되기를 진심으로 바랍니다.

→ _____ 았/었으면 좋겠어요.

5) 두 팀의 실력이 비슷해서 치열한 경기를 펼칠 것으로 예상합니다.

→ _____ (으)ㄹ 것 같습니다.

7. 알맞은 표현을 골라 보기와 같이 대화를 완성하십시오.

> 제 경험에 비추어 보다   되돌아보다   바라다   여러 증거를 종합해 보다   추측하다

> 보기 가: 김 대리가 왜 갑자기 회사에 사표를 냈을까요? (상사와 갈등이 있다)
> 나: 글쎄요. 추측하건대 상사와 갈등이 있었던 모양이에요.

1) 가: 이 살인 사건의 범인은 누구라고 생각해요? (피해자와 아주 가까운 사람이다)

나: _____ 이/가 아닐까요?

2) 가: 지금까지 한국어를 배우면서 무엇이 가장 어려웠나요? (높임말 사용이 무척 어려웠다)

나: _____ 았/었던 것 같아요.

3) 가: 결혼하는 자녀에게 부모로서 당부하고 싶은 말은 무엇입니까? (처음 마음 그대로 서로를 존중하면서 살다)

나: _____ 기를 바랄 뿐이지요.

4) 가: 작년 한 해는 어떠셨습니까? (참으로 다사다난했던 한 해이다)

나: _____ 았/었다고 생각됩니다.

제23과 -던 차에 -는 한이 있더라도

어휘와 표현

1. 밑줄 친 부분과 바꿔 쓸 수 있는 단어를 골라 쓰십시오.

> 조율   집행   혜택

1) 찬성과 반대 의견이 팽팽하게 대립하고 있어서 두 의견을 적절히 조정해 줄 사람이 필요하다.

2) 출산율을 높이기 위해 정부는 3자녀 이상의 가정에 대해 세금 감면이나 교육비 지원 등의 제도적인 도움과 이익을 늘려가겠다고 했다.

3) 도시개발계획이 발표되었지만 주민들의 반대가 거세고 보상 문제가 해결되지 않아 실제로 행하는 것이 미뤄지고 있다.

2. 밑줄 친 부분과 바꿔 쓸 수 있는 단어를 골라 알맞게 쓰십시오.

> 꺼림칙하다   담담하다   뒤숭숭하다   칙칙하다

1) 유통기한이 이틀 지난 우유를 마시는 게 좀 찜찜했지만 괜찮겠지 하고 마셨어요.

2) 과거에 자신이 실패한 경험을 차분하고 침착하게 이야기하는 모습이 참 의외였어요.

3) 건물의 외벽이 오래되고 어둡고 컴컴해서 밝은 색으로 칠을 한다고 하네요.

4) 이 지역에서 연달아 발생한 살인 사건으로 인해 마을 분위기가 불안하고 어수선하다.

3. 알맞은 단어를 골라 넣으십시오.

> 뻔히   선뜻   영   정작   하필

1) 혐오 시설 유치에 대해 반대 시위를 해야 한다고 적극적으로 주장하던 사람이 (   ) 시위하는 날에 나오지 않아서 의아스러웠습니다.

2) 양측이 한발도 양보할 생각이 없다 보니 의견 조정이 (   ) 안 되네요.

3) 아무리 돈이 많다고 해도 큰돈을 망설임 없이 (   ) 기부하기는 쉽지 않다.

4) 그 사람은 자기의 과거를 (   ) 알고 있는 사람들 앞에서 뻔뻔하게 거짓말을 한다.

5) 빙판길에서 넘어졌는데 (   ) 많이 사용하는 오른팔을 다쳐서 너무 불편해요.

4. 알맞은 것끼리 연결하고 문장을 완성하십시오.

보기 컴퓨터가 안 돼서 불편했다. •
• ① 친구가 주식 투자를 권유하길래 시작했다.

1) 오래 못 만난 친구들 소식이 궁금했다. •
• ② 마침 친구가 와서 문제를 해결해 주고 갔다.

2) 속이 안 좋아서 뭘 먹을까 생각했다. •
• ③ 마침 단둘이서 차를 마실 기회가 생겼다.

3) 목돈이 생겨서 투자할 곳을 찾고 있었다. •
• ④ 동창회를 한다는 연락이 왔다.

4) 짝사랑하는 사람에게 고백할 기회를 엿 •
보고 있었다.
• ⑤ 근처에 죽집이 오픈한 게 생각나서 죽을
한 그릇 사왔다.

5) 빵집을 차려 볼 생각으로 관심을 가지고 •
있었다.
• ⑥ 프렌차이즈 사업설명회를 한다길래 다녀
왔다.

보기 컴퓨터가 안 돼서 불편하던 차에 마침 친구가 와서 문제를 해결해 주고 갔다.

1) _____

2) _____

3) _____

4) _____

5) _____

5. 다음 대화를 완성하십시오.

1) 가: 최신 운동기구를 샀네요. 어떻게 사게 됐어요? (운동을 시작해 볼까 했다)

　　나: _____ 홈쇼핑에서 할인 판매를 하길래 샀어요.

2) 가: 영재 씨는 독신주의자 아니었나요? 어쨌든 결혼 축하합니다!
　　 (친구들이 하나둘 결혼하니까 마음이 조금 흔들렸다)

　　나: _____ 좋은 사람을 만났어요. 이 사람이다 싶었죠.

3) 가: 사장님은 그 친구 분과 특별한 인연이 있으신 것 같지요? (예전에 사업이 너무 힘들어서 접으려고 했다)

　　나: _____ 그분이 곁에서 도움과 용기를 주었대요.

4) 가: 어제 축구 시합 봤어? 결승 골은 정말 통쾌했지? (요즘 되는 일이 없어 답답했다)

　　나: 맞아. _____ 가슴이 뻥 뚫리는 거 같았어.

-는 한이 있더라도

6. 다음 문장을 보기 와 같이 바꿔 쓰십시오.

> 보기 꼴찌로 들어올 수도 있다 / 마라톤 대회에 참가해서 완주를 하고 싶어요.
> → 꼴찌로 들어오는 한이 있더라도 마라톤 대회에 참가해서 완주를 하고 싶어요.

1) 앞으로 이 친구와 다시 안 보게 될 수 있다 / 불법적인 청탁을 들어줄 수는 없죠.

→ _____

2) 회사 문을 닫게 되는 상황이 생길 수 있다 / 이런 부당한 요구에 절대 응할 수 없습니다.

→ _____

3) 실패할 수도 있다 / 내가 하고 싶은 일을 스스로 결정하고 결과에도 책임을 지려고 합니다.

→ _____

4) 굶어 죽을 수도 있다 / 부정을 저지르지 않겠다는 의지가 있어야 합니다.

→ _____

5) 사실대로 말했다가 오히려 관계가 껄끄러워질 수 있다 / 다 털어놓기로 했어요.

→ _____

7. 다음 대화를 완성하십시오.

1) 가: 이 웨딩드레스를 입으려면 몸무게를 10킬로는 빼야 될 거 같은데. (다이어트 하다가 쓰러지다)

나: _____ 이 드레스를 입고 말 거야.

2) 가: 동료들이 다 골프를 치는데 같이 배우는 게 어때요? 혼자만 안 하는 것도 좀… (왕따가 되다)

나: _____ 골프는 제 취향이 아니라서 못 할 거 같아요.

3) 가: 일요일이라 가게 문을 닫았을지도 모르는데 가 보려고요? (네, 허탕을 치다)

나: _____ 일단 마음먹은 김에 찾는 물건이 있는지 가서 보려고요.

4) 가: 어떻게 조직 내 비리에 대해 양심선언을 하게 됐습니까? (제가 피해를 보다)

나: _____ 도저히 더 이상 덮어둘 수 없다고 생각해서 용기를 냈습니다.

5) 가: 돈이 한두 푼 들어가는 일이 아닐 텐데 해 보겠다고? (가진 돈을 다 쓰다)

나: _____ 한번 해 보고야 말 거야.

어휘와 표현

1. 관계있는 단어를 골라 쓰십시오.

> 공공시설   복지국가   사회적 약자   장벽   저상버스

1) 요람에서 무덤까지 국민의 안락한 생활 보장을 지향함   (   )

2) 아동, 청소년, 장애인, 실업자, 노인, 여성 등   (   )

3) 도로, 시민공원, 지하철역, 구립도서관, 주민문화센터 등   (   )

4) 바닥이 낮고 출입구에 계단 대신 경사판이 설치되어 있는 버스   (   )

5) 무엇을 하지 못하도록 막는 장애물이나 극복하기 어려운 것   (   )

2. 알맞은 단어를 골라 쓰십시오.

> 마련하다   몰리다

1) 지금 당장은 돈이 없는데 시간이 있으니까 어떻게든 수술비를 (   )아/어야지요.

2) 이 동네는 옛날부터 장사꾼들의 왕래가 잦고 상점과 음식점 등이 (   )아/어 있었다.

3) 최근 범죄 발생률이 증가함에 따라 대책을 (   )아/어야 한다는 여론이 조성되고 있다.

4) 단지 그 시간에 그 장소에 있었다는 이유로 범인으로 (   )았/었다고 한다.

3. 알맞은 단어를 골라 넣으십시오.

> 들쭉날쭉   우락부락   우물쭈물   울퉁불퉁

1) 아스팔트 포장이 안 된 (   )한 길을 다니는 데 고급 승용차는 어울리지 않는다.

2) 수입이 일정하지 않고 (   )하니까 안정된 생활을 하기가 어렵다.

3) 빨리 결정하세요. (   )하다가는 좋은 기회 놓친다고요.

4) 체격도 크고 힘 좀 쓸 것 같은 (   )한 사내 몇 명이 내게로 다가왔다.

-(으)ㄹ라

4. 보기와 같이 앞 문장을 바꾸어 쓰십시오.

> 보기 기온이 내려가면 꽁꽁 얼어버릴지 몰라. 빨리 건물 앞의 눈을 치우는 게 좋겠어.
> → 기온이 내려가면 꽁꽁 얼어버릴라. 빨리 건물 앞의 눈을 치우는 게 좋겠어.

1) 친구들이 괜히 오해할 수 있어. 회사 동료일 뿐이라고 분명히 말해.

→ _____

2) 차 마시다가 입천장 데겠다. 너무 뜨거우니까 좀 식혀서 마시는 게 좋겠어.

→ _____

3) 멋 부리다 감기 걸리려고. 봄이라고 해도 아직 쌀쌀하니까 너무 얇게 입지 마.

→ _____

4) 차일피일 미루다가 병을 키우게 돼. 얼른 병원에 가서 검사받고 치료받도록 해.

→ _____

5) 믿는 도끼에 발등 찍힐 수 있어. 나중에 후회하지 않게 잘 알아보고 투자해.

→ _____

5. 다음 상황을 읽고 보기와 같이 문장을 만드십시오.

> 보기 운전하면서 휴대폰으로 문자 메시지 확인을 하는 친구에게 사고 날 것을 걱정하는 말
> → 휴대폰 보다가 사고 날라. 똑바로 앞을 보고 운전해야지.

1) 가방에는 신경도 쓰지 않고 쇼핑에 정신이 팔려 있는 친구에게 소매치기 당할 것을 걱정하는 말

→ _____. 사람 많은 데에서는 가방에 신경 써야 해.

2) 사춘기인 아이와 자주 싸우는 친구에게 아이가 비뚤어질까 걱정하는 말

→ _____. 둘이 같이 전문가에게 상담을 받아보는 게 어때?

3) 조건이 좋은 방이 있는데 결정을 못하는 친구에게 망설이다가 놓칠까 봐 걱정하는 말

→ _____. 쇠뿔도 단김에 빼라고 지금 계약하지 그래?

4) 지하철에서 우산을 바닥에 놓고 책을 읽는 친구에게 놓고 내릴까 봐 걱정하는 말

→ 책 보다가 _____. 잊어버리지 마.

6. 다음 문장을 [보기]와 같이 바꿔 보십시오.

> [보기] 아무리 얘기해도 아무도 믿어 주지 않으니 속 터질 노릇입니다.
>   → 아무리 얘기한들 아무도 믿어 주지 않으니 속 터질 노릇입니다.

1) 가족이 옆에 있어도 속마음을 터놓지 못하니 남이나 마찬가지예요.

　→ _____

2) 운전면허를 힘들게 따더라도 운전할 차가 없는데 무슨 소용이 있어요?

　→ _____

3) 외국인인데 한국말을 잘하면 얼마나 잘하겠어요?

　→ _____

4) 내가 10년만 젊었어도 이 직장 때려치우고 새로운 일을 시도해 보는 건데.

　→ _____

5) 그 당시에 내가 범인이 아니라고 주장했다고 해도 과연 내 말을 누가 믿어 줬겠어?

　→ _____

7. 다음 대화를 완성하십시오.

1) 가: 헤어지고 나니까 사귈 때 잘해 주지 못한 게 자꾸 마음에 걸려.

　　(이제 와서 그런 생각을 하면 무슨 소용이 있어? 행복을 빌어 주기나 해.)

　나: _____

2) 가: 다른 곳으로 옮길 생각을 한다면서? 급여가 적어서 그러는 거야?

　　(그렇지. 어디에 가도 여기보다 급여가 적겠어?)

　나: _____

3) 가: 영준 선배 말이야. 능력 있는 사람인데 운이 없는 거 같아.

　　(무리하게 회사를 경영하지 않았더라면 지금쯤 성공한 사업가가 되었을 텐데.)

　나: _____

4) 가: 어제 경기에서 선수들 컨디션이 너무 좋지 않았어. 안 그랬으면 이기는 건데.

　　(글쎄, 아무리 컨디션이 좋았다고 해도 세계 최고의 강팀을 어떻게 이기겠어?)

　나: _____

1. 다음 단어 중에서 알맞은 것을 골라 쓰십시오.

1) (반질반질하다 / 폭신폭신하다)

(   )(으)ㄴ/는 가죽 소파를 마른걸레에 오일을 묻혀 마사지하듯이 닦으니까 표면이 매끄럽고 (   )아/어졌어요.

2) (가렵다 / 쓰리다)

모기한테 물린 곳이 너무 (   )아/어서 손으로 계속 긁었더니 상처가 났어요. 그래서 소독하려고 약을 바르니까 엄청 (   )았/었어요.

3) (막막하다 / 순탄하다)

지금은 빚도 다 청산하고 사업도 (   )게 잘 되어 가고 있지만 처음에는 모든 것이 낯설고 (   )기만 했습니다.

4) (어마어마하다 / 엄두를 못 내다)

바람도 강한 데다 산불이 워낙 거세고 (   )아/어서 소방관들이 어디서부터 어떻게 진압해야 할지 (   )고 있어요.

5) (꺼림칙하다 / 담담하다)

그의 말을 믿고 안심하기에는 뭔가 (   )았/었으나 어머니는 (   )(으)ㄴ 표정으로 고개를 끄덕이셨다.

2. 알맞은 단어를 골라 넣으십시오.

감히 꾸준히 끝내 무심히 살짝 술술 하필

1) 회장님의 잘못을 지적하고 심기를 건드릴 수 있는 충고의 말을 한다는 것은 (   ) 생각할 수도 없지요.

2) 벼르고 별러서 모처럼 회사 야유회 날을 잡았는데 (   ) 비가 올 게 뭐람.

3) 평소에는 어눌하던 한국말이 술이 들어가니까 나도 모르게 (   ) 나와서 놀랐어요.

4) 우리가 (   ) 내뱉는 말 한마디에 누군가는 상처를 받을 수 있으니까 말할 때 각별히 신경을 써야 해요.

5) 버스가 추락하는 큰 사고가 났지만 다행히 그는 팔꿈치만 (   ) 다쳐서 모두가 기적이라고 말했어요.

6) 같은 지역에서 동일범의 소행으로 보이는 살인사건이 3번이나 났지만 (   ) 사건의 실마리를 찾지 못해서 영구 미제사건으로 남겨졌어요.

7) 인내심을 가지고 뭐든지 (   ) 하면 그 분야에서 전문가가 될 수 있어요.

3. 밑줄 친 말과 비슷한 의미의 말을 골라 연결하십시오.

1) 그 사람은 춤을 추기에는 몸이 너무 **뻣뻣해요**. •   • ① 몰리다

2) 직장에서 해고를 당하니 살길이 <u>막막합니다</u>. •   • ② 삐긋하다

3) 시중 자금이 주식시장에 <u>한꺼번에 모이고</u> 있다. •   • ③ 유연성이 없고 굳어 있다

4) 욕심을 버리니 한결 마음이 <u>홀가분해졌어요</u>. •   • ④ 가볍고 편안하다

5) 산에서 내려오다 발목을 <u>접질려서</u> 걷기가 불편해요. •   • ⑤ 캄캄하고 앞이 보이지 않다

4. 알맞은 유형을 사용하여 밑줄 친 부분을 바꿔 쓰십시오.

> -다 못해   -(으)ㄴ 나머지   -(으)ㄴ들   -(으)ㄹ락 말락 하다   -(으)ㄹ라

1) 생선을 다듬을 때 조심해. 가시에 <u>찔릴지도 몰라</u>.

→ _____

2) 아버지는 돌아가실 때 자식들을 불러놓고 잘 <u>들리지 않는</u> 목소리로 유언을 하셨어요.

→ _____

3) 회식 자리에서 너무 <u>취해 가지고</u> 상사에게 반말로 불평을 하고 말았어요.

→ _____

4) 사업한다고 가진 돈을 다 <u>까먹고 급기야는</u> 사채업자에게 돈을 빌리기까지 했어요.

→ _____

5) 아이가 워낙 황소고집인데 100번을 <u>말한다고 해서</u> 무슨 소용이 있겠어요?

→ _____

5. 알맞은 유형을 사용하여 대화를 완성하십시오.

> -(느)ㄴ담   -노라면   -는 한이 있어도   -던 차에   -(으)려 들다

1) 가: 그 사람은 이번에도 역시 약속을 안 지키는군요. (왜 매번 약속을 안 지키다)

나: _____

2) 가: 복잡한 문제가 한꺼번에 터져서 갈피를 못 잡겠어요. (하나씩 해결하다)

나: _____

3) 가: 두 사람은 사이가 좋은가요? (아니요, 만나기만 하면 서로 헐뜯고 싸우다)

　　나: _____

4) 가: 어떻게 원하던 물건을 싼 값에 구입하게 됐나요? (인터넷을 검색하다)

　　나: _____

5) 가: 상사의 명령이 부당하다고 따르지 않으면 어떻게 해요? (사표를 쓰다)

　　나: _____

6. 아래의 상반되는 두 가지 견해를 읽고, 각각의 견해에 대한 자신의 생각과 함께 '인간의 행복'에 관한 의견을 종합적으로 정리해 써 보십시오.

> 방글라데시, 부탄 같은 빈곤국 국민들의 행복지수가 미국, 프랑스 등 선진국의 행복지수보다 높다는 연구 결과가 있다. 소득이 일정 수준에 올라 국민의 기본 욕구가 충족되면 소득 증가가 더 이상 행복에 영향을 미치지 않는다는 것이다. 오히려 생활수준이 높아질수록 남과 비교해 자신의 위치를 평가하는 경향이 심해져 행복감이 줄어든다거나, 생활수준 향상이 주는 행복감은 오래 가지 못하기 때문에 계속 더 많은 것을 가지려고 한다는 것이다.
>
> 과연 그런가? 소득이 늘어나는 만큼 행복감은 커진다고 반론을 펴는 주장도 있다. 한 나라 안에서 소득이 많은 사람이 적은 사람들보다 행복한 것으로 나타났으며 삶에 대한 만족감이 소득에 비례해 늘어나는 것으로 확인되었다는 것이다. 미국에서 한 해 가구 소득이 25만 달러를 넘는 사람들의 90퍼센트가 매우 행복하다고 응답한 반면 연소득 3만 달러 미만인 사람들의 경우 42퍼센트만이 만족한다고 답한 것으로 나타났다.

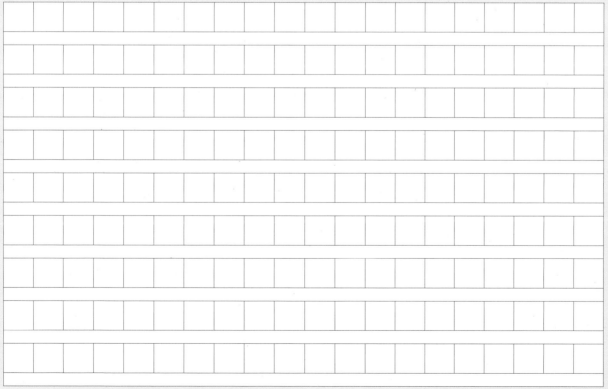

100

제25과 -(으)ㄴ/는 양   -거늘

어휘와 표현

1. 알맞은 단어를 골라 넣으십시오.

> 부귀영화   심사숙고   왈가왈부

1) 이 영화에는 백성의 삶이나 나라의 운명보다 자기 자신의 (   )을/를 위해 탐욕을 부린 권력자들
   이 나온다.

2) 가게의 이름을 뭐로 할까 오랫동안 (   )한 끝에 드디어 정했습니다.

3) 윗사람이 정한 것에 대해 아랫사람이 (   )하는 것을 좋지 않게 생각해 왔습니다.

2. 밑줄 친 부분과 바꾸어 쓸 수 있는 단어를 골라 알맞게 쓰십시오.

> 이르다   지나치다

1) 이름이 중요하다고 해서 큰돈을 주고 이름을 짓는 건 심한 것 같아요.

2) 오랜 논의 끝에 이러한 결론에 도달하게 되었음을 말씀드립니다.

3) 큰 문제만 생각하다가 작은 것들은 생각 못하고 그냥 넘어갈 수가 있어요.

4) 괄목할 만한 성장을 한 것이 사실이나 축배를 들기엔 아직 시기가 빠릅니다.

5) 뭐든지 부족한 것보다 과하게 넘치는 것이 오히려 좋지 않다는 말이 있잖아요.

6) 양반이란 신분이 높거나 상류계층에 속한 사람을 가리키는 말입니다.

3. 아래의 단어를 사용하여 문장을 만드십시오.

1) 누리다 – 자유를 / 특권을 / 행복을 / 혜택을

   →

2) 담기다 – 사랑이 / 의미가 / 정성이 / 음식이

   →

-(으)ㄴ/는 양

4. 보기와 같이 문장을 바꾸어 쓰십시오.

> 보 기 자기가 마치 백만장자라도 되는 듯이 허풍을 떠는데 보기가 거북했어.
> → 자기가 마치 백만장자라도 되는 양 허풍을 떠는데 보기가 거북했어.

1) 도움이 필요해서 온 사람인 것처럼 불쌍한 표정을 짓고 있더라.

→ _____

2) 나를 좋아하는 것처럼 호의를 베풀고 하는 게 부담스럽고 불편하네.

→ _____

3) 큰 공이라도 세운 듯이 의기양양한 그 사람의 태도가 눈에 거슬렸어요.

→ _____

4) 충격을 받았는지 정신이 나간 것 같은 모습으로 멍하니 앉아 있더라.

→ _____

5) 결혼이 인생의 전부인 듯이 목숨을 걸 필요는 없지 않을까요?

→ _____

5. 보기와 같이 대화를 완성하십시오.

> 보 기 가: 지은이가 이 일 때문에 힘들어하지요? (자기 탓인 것처럼)
> 나: 네, 모든 게 자기 탓인 양 괴로워하더라고요.

1) 가: 신 과장이 이번 일을 잘 알고 있다는데 뭐라고 얘기하던가요? (처음 듣는 듯한 표정으로)

나: 내가 물어보니까 _____ 고개를 갸우뚱하던데요.

2) 가: 수연이는 유치원생인데 한복을 입혀 놓으니까 너무 예쁘네요. (마치 새색시인 듯이)

나: _____ 다소곳하게 두 손을 앞으로 모으고 있는 게 너무 귀여워요.

3) 가: 승우가 상을 받았다고 하던데 많이 좋아하지? (대단한 상이라도 받은 듯이)

나: _____ 한참 자랑을 하는 거 있지?

4) 가: 지훈이가 오늘은 기분이 안 좋은지 수다스러운 친구가 말을 안 하네.
   (무슨 안 좋은 말이라도 들은 것 같다)

나: _____ 밥 먹을 때도 말이 없었어.

92

6. 보 기 와 같이 문장을 바꿔 쓰십시오.

> 보 기 평범하고 좋은 이름도 많다. 너는 어찌 그리도 특이한 이름이 좋다는 거야?
> → 평범하고 좋은 이름도 많거늘 너는 어찌 그리도 특이한 이름이 좋다는 거야?

1) 부부가 일심동체이어야 한다. 서로 이해하지 못하고 싸워서야 되겠느냐?

   → _____

2) 나라가 위기에 처했다. 어찌 젊은이들은 구경만 하고 있단 말인가?

   → _____

3) 동네 개도 다 아는 사실이다. 어찌 너만 모른다고 잡아떼느냐?

   → _____

4) 인간의 부귀영화가 모두 헛된 것이다. 왜 그걸 모르고 욕심을 부리는가?

   → _____

5) 벌레 하나도 함부로 죽이면 안 된다. 하물며 인간의 목숨이야 오죽하랴?

   → _____

7. 보 기 와 같이 대화를 완성하십시오.

> 보 기 가: 아이가 고집을 부리면 나도 화가 나서 고집을 부리게 돼요. (자식 이기는 부모 없는 법이다)
> 나: 자식 이기는 부모 없는 법이거늘 왜 맨날 그러세요?

1) 가: 작년 한 해는 곳곳에서 테러가 끊이지 않았던 것 같아요. (모두가 평화를 기원한다)

   나: _____ 어찌도 이리 테러가 계속 될까요?

2) 가: 월급에서 조금씩 떼어 저축해 봤자 언제 목돈을 모을 수가 있겠어요? (티끌 모아 태산이다)

   나: _____ 어찌 저축을 우습게 생각해?

3) 가: 어려울 때 서로 도우면 좋겠는데 명수는 자기 일만 하고 바로 가 버려요. (백지장도 맞들면 낫다.)

   나: _____ 왜 그런다니?

4) 가: 율리아가 TV 퀴즈 프로에서 띄어쓰기 문제를 풀어 봤는데 다 맞혔대.

   나: 한국 사람도 어려워 틀리거늘 _____

어휘와 표현

1. 알맞은 단어를 골라 쓰십시오.

| 점치다 | 점을 보다 | 점쟁이 | 점집 |

1) 금년 운세가 궁금해서 (   )에 (   )(으)러 갔는데 나보고 올해에 해외에 나갈 운이라
고 하더라.

2) 전문가들이 미국 대선 후 국제 정세를 다각도에서 (   )고 있습니다.

3) 관상이 뭐냐 하면 얼굴 모양으로 그 사람의 운세나 길흉을 (   )는 거야.

4) 가: 그 커플이 결국 헤어졌다더라. 나는 진작부터 헤어질 줄 알았는데.

　나: 진짜? (   )이/가 따로 없네.

2. 알맞은 단어를 넣어 이야기를 완성하십시오.

| 동지 | 물리치다 | 붉다 | 팥죽을 쑤다 |

벽에 걸려 있는 달력을 자세히 보면 12월 22일에 작은 글씨로 1) (   )라고 쓰여 있는데요,
무슨 날인지 아십니까? 이 날은 1년 중 밤이 가장 길고 낮이 가장 짧은 날입니다. 동짓날이 되면 옛날부터 각 가
정에서는 2) (   )아/어 먹었습니다. 3) (   )(으)ㄴ/는 색의 팥이 귀
신을 4) (   )(느)ㄴ다고 믿었기 때문인데, 추운 겨울날 이웃들과 따뜻한 팥죽을 나누어 먹
으며 정을 나누는 풍습이라고 할 수 있습니다.

3. 알맞은 단어를 골라 쓰십시오.

| 쫓다 | 쫓기다 | 쫓아오다 | 쫓아내다 | 쫓겨나다 |

1) 현대인들은 늘 뭔가에 (   )(으)며 살아가는 게 아닌가 싶어요.

2) 버스에서 내려서 걸어가는데 누군가가 (   )(으)ㄴ/는 거 같아서 뒤를 돌아보았다.

3) 월세를 못 내서 살던 집에서 하루아침에 (   )(으)ㄴ/는 신세가 되었대요.

4) 일은 안 하고 빈둥빈둥 놀기만 하는 사원을 (   )고 싶다고요?

5) 졸음을 (   )(으)려고 커피를 마시고 손등을 꼬집어도 눈이 자꾸 감긴다.

-것다 -것다

4. 보기와 같이 문장을 만드십시오.

> 보기 설이라 연휴이고, 세뱃돈 두둑하니까 친구들 만나서 실컷 놀겠구나.
> → <u>설이라 연휴이것다, 세뱃돈 두둑하것다, 친구들 만나서 실컷 놀겠구나.</u>

1) 그 집이 새로 지은 집이고 교통도 편리한데 이사를 안 갈 이유가 없지 않아?

→ _____

2) 요즘 잘나가는 IT업체이고 급여도 높으니 당연히 인재들이 몰리겠지.

→ _____

3) 아직 젊고 또 신체 건강한데 뭐가 두려워서 그러고 있는 건지 모르겠다.

→ _____

4) 밥도 배불리 먹었고 준비도 다 되었으니 슬슬 출발해 볼까?

→ _____

5) 여행 계획도 세웠고 알바 자리도 구했고 방학이 기다려지는데.

→ _____

5. 보기와 같이 대화를 완성하십시오.

> 보기 가: 할아버지, 제 이름이 촌스러운 거 같아서 바꾸고 싶어요.
> 나: <u>작명소에서 지었으니 사주에 잘 맞것다, 부르기 좋것다, 최고의 이름인데.</u>
> (작명소에서 지었으니 사주에 잘 맞음 / 부르기 좋음)

1) 가: 정 사장이 사업을 너무 크게 확장하려는 거 같아 걱정스러운데. (자본금 넉넉함 / 경험도 쌓였음)

나: _____ 못할 이유가 없지 않아?

2) 가: 내가 좋아하는 스타일이 아니라니까 왜 자꾸만 선을 보라는 거야? (인물도 안 빠짐 / 능력 있음)

나: _____ 그만하면 1등 신랑감인 거 같은데.

3) 가: 당장 오라는 데가 있긴 한데 다른 데 좀 더 알아보고 정하려고. (일도 힘들지 않음 / 경력자로 대우해 줌)

나: 지난번 거기? _____ 괜찮아 보이던데.

4) 가: 민 선배는 안식 휴가를 받자마자 유럽으로 떠났다고 하더라. 부럽다. (긴 휴가도 받았음 / 외국에 지인들도 많음)

나: _____ 당연히 떠나야지.

6. 보기 와 같이 문장을 바꾸십시오.

> 보기 사주라는 것을 무시할 수 없지. 하지만 거기에 얽매여 살면 안 된다고 생각해.
> → 설사 사주라는 것을 무시할 수 없다손 치더라도 거기에 얽매여 살면 안 된다고 생각해.

1) 손 없는 날이라는 게 진짜로 있겠지. 그래도 나는 그런 걸 따를 생각이 없어.

→ _____

2) 경험이 없어서 그렇겠지. 하지만 노력하려는 자세마저 볼 수 없으니 실망입니다.

→ _____

3) 부하 직원의 실수이지요. 하지만 상사로서 책임을 회피하려는 자세는 옳지 않아요.

→ _____

4) 백 프로 그 사람이 잘못했지만 그래도 너무 심하게 말하면 기분 나빠할 거예요.

→ _____

5) 아무리 물가가 많이 올랐지만 버는 돈을 생활비로 다 쓴다니 말이 안 돼요.

→ _____

7. 보기 와 같이 대화를 완성하십시오.

> 보기 가: 이번 일만 잘되면 앞으로 우리 사업은 탄탄대로일 거야.
> 나: 이번 일이 잘된다손 치더라도 적자를 면하기 어려울 거 같은데.

1) 가: 손이 빠르니까 금방 준비할 수 있지 않을까 싶은데.

나: 아무리 _____ 시간이 절대적으로 부족해서 무리야.

2) 가: 수술이 성공만 한다면야 무슨 수를 써서라도 해야지.

나: 설사 _____ 이후에 엄청난 치료비가 들어갈 텐데.

3) 가: 아무리 작은 거라도 돈을 주고 부적을 사는 건 미신이야 미신. 사지 마.

나: 미신이라고? _____ 나쁜 게 아닌데 뭘.

4) 가: 실력이 모자라서 대회에 나가는 건 안 될 거 같아요.

나: 그렇지 않아요. 설령 _____ 훈련을 받으면 가능성이 있어요.

제27과 -데 -디? -(으)려니 하다

어휘와 표현

1. 의미가 맞는 것끼리 연결하십시오.

1) 백년해로 •   　　　　　　　　　　• ① 부부가 되어 한평생을 평화롭게 지내고 함께 늙음

2) 천생연분 •   　　　　　　　　　　• ② 남녀가 평생을 같이 지낼 것을 굳게 다짐하는 아름다운 언약

3) 백년가약 •   　　　　　　　　　　• ③ 하늘이 정해 준 것처럼 잘 맞는 부부의 인연

2. 알맞은 것을 골라 대화를 완성하십시오.

> 문제 삼다　　　전화위복의 계기로 삼다　　　취미 삼다

1) 가: 지난번 일은 담당자에게 책임을 다시 물어야 한다고 생각합니다.

　　나: _____

2) 가: 팀이 패배한 것이 선수들과 팬들에게 너무 큰 충격인 것 같은데요.

　　나: _____

3) 가: 전시회를 하신다고요? 그림을 그리시는 줄 몰랐어요.

　　나: _____

3. 알맞은 단어를 골라 쓰십시오.

> 넘다　　　넘기다　　　넘어가다　　　넘치다

1) 사진 앨범을 한 장씩 (　　　　　　　)다 보니 옛 추억에 잠기게 되네요.

2) 수하물 무게가 30킬로가 (　　　　　　　)아/어서 추가 요금을 내야 해요.

3) 지현이네는 사랑이 (　　　　　　　)(으)ㄴ/는 가족이라 그런지 언제나 웃음꽃이 피어요.

4) 다음에 꼼꼼히 할 테니 따지지 마시고, 이번에는 그냥 (　　　　　　　)(으)면 안 될까요?

5) 4번 타자가 담장을 (　　　　　　　)(으)ㄴ/는 대형 홈런을 날려서 역전승을 거두었습니다.

-데

4. [보기]와 같이 대화를 완성하십시오.

> [보기] 점을 보러 갔는데 내가 이야기도 하지 않은 과거의 일을 잘 맞힌다고 느꼈다.
> → 점을 보러 갔는데 내가 이야기도 하지 않은 과거의 일을 잘 맞히데.

1) (점집에 다녀온 후) 1월이라 그런지 점을 보러 사람들이 많이 왔다고 느꼈다.

→ _____

2) (결혼식에 다녀온 후) 신랑 신부가 긴장하지도 않고 잘 웃으니 보기 좋았다.

→ _____

3) (공연 관람 후) 공연장의 음향 시설 같은 게 잘되어 있다고 생각되었다.

→ _____

-디?

5. [보기]와 같이 문장을 만드십시오.

> [보기] (점집에 다녀온 친구에게) 점쟁이가 두 사람이 결혼하면 잘산다고 했는지 궁금할 때
> → 점쟁이가 두 사람이 결혼하면 잘산다고 하디?

1) (지훈이 집에 다녀온 친구에게) 지훈이가 바깥출입도 안하고 집에서 뭐 하고 있었는지 궁금할 때

→ _____

2) (사주 카페에 가서 궁합을 보고 온 친구에게) 두 사람의 궁합이 나쁘다고 하지 않았는지 물어볼 때

→ _____

3) (학교에 다녀온 아이에게) 선생님이 숙제를 많이 내주셨는지 물어볼 때

→ _____

6. 아래의 대화를 완성하십시오.

1) 가: 지난주 스키장 다녀왔다며? _____디?

　나: 기온은 낮은데도 스키 타는 동안은 _____데.

2) 가: TV에 나온 식당에 가 봤다며? _____디?

　나: _____데.

98

-(으)려니 하다

7. 다음 문장을 보기 와 같이 바꿔 쓰십시오.

> 보기 인생에서 어려운 일이 닥칠 때 '누구에게나 있는 일이다'라고 생각해요.
> → 인생에서 어려운 일이 닥칠 때 누구에게나 있는 일이려니 해요.

1) 불만요? '당연히 내가 해야 할 일이다' 생각하면서 일하고 있는데요.

→ _____

2) '시간이 지나면 해결되겠지' 하고 있었는데 아니더라고요.

→ _____

3) 친구의 행동이 이해 안 가지만 '나름대로 이유가 있어서 그랬겠지' 하고 있어요.

→ _____

4) 자식이 잘못을 하면 '내가 잘못 가르친 탓이다' 생각하는 부모들이 많아요.

→ _____

5) 그 사람의 불손한 태도에 주위 사람들은 '으레 그렇다' 하고 넘어가는 수밖에 없어요.

→ _____

8. 보기 와 같이 대화를 완성하십시오.

> 보기 가: 시대에 맞지 않는 풍습이나 전통을 아직도 지켜야 하는 걸까요?
> (오래 전부터 해 오던 거니까 좋은 것이겠지)
> 나: 오래 전부터 해 오던 거니까 좋은 것이려니 하는 것 같아요.

1) 가: 그 사람이 요즘도 계속 전화하고 문자 보내고 그래요? (처음엔 장난이겠지)

나: _____ 했는데 반복되니까 어떡해야 할지 모르겠어요.

2) 가: 할머니는 할아버지랑 연애도 안 하시고 어떻게 결혼을 하셨을까요? (천생연분일 것이다)

나: 부모님이 궁합이 좋다고 하니까 _____ 하고 시집을 가셨대요.

3) 가: 입대한 친구한테서 소식도 없고 불안하지 않아요? (아무 일 없겠지)

나: 뭐 그냥 건강하고 성실하니까 _____

4) 가: 본인의 이름에 대해서 어떻게 생각하고 있나요? (좋은 이름이겠지)

나: 별로 생각해 본 적은 없고 그저 _____

어휘와 표현

1. 관계가 있는 것을 골라서 연결하십시오.

1) 호응을, 정보를, 신용을, 빚을 •	• ① 빠지다
2) 눈을, 입을, 손을, 서류를 •	• ② 받다
3) 물에, 얼룩이, 외모가, 김이 •	• ③ 얻다
4) 감각이, 일행과, 쌀이, 선거에서 •	• ④ 올리다
5) 인터넷에, 가격을, 식을, 약을 •	• ⑤ 떼다
6) 제약을, 영향을, 미움을, 벌을 •	• ⑥ 떨어지다

2. 두 단어 중 알맞은 단어를 고르십시오.

1) 국내뿐만 아니라 해외에서도 잘 나가던 댄스가수가 교통사고로 (하루 이틀에 / 하루아침에) 장애인이 되어 버렸다.

2) 그동안 활동을 쉬고 있던 인기 가수 K씨가 (조만간 / 당분간) 신곡 발표를 할 거라는 소식이 인터넷에 올라왔습니다.

3) 패션디자이너 중에 흰색 옷만 입는 것으로 유명한 사람이 있는데 집안의 가구는 물론이고 (도저히 / 심지어) 찻잔이나 소품도 모두 흰색이라고 하더군요.

4) 인터넷 방송이 지상파 방송에 비해서 규제를 덜 받다 보니 방송 내용 중에 (더러 / 도로) 문제가 되는 것들이 있기도 하다.

3. 알맞은 단어를 골라 넣으십시오.

1) (집중 / 집착)

그는 평소에는 다소 산만한데 무대에만 서면 연기에 (　　　　　)하는 천생 배우이다.
어려운 이웃을 돕기 위한 자선 경기에 출전한 선수들이 승패에 (　　　　　)하지 않고 경기를 즐기는 모습이 보기 좋다.

2) (분별력 / 영향력)

여론을 형성하는 데에 언론의 (　　　　　)이 크다는 것은 두말할 필요도 없다.
정보의 홍수 속에서 어느 때보다 정보를 대하는 이들의 (　　　　　)이 요구된다.

4. 주어진 문장을 보기와 같이 바꿔 보십시오.

> 보기 이 시간에 도로가 정말 많이 붐비잖아요. 그래서 저는 지하철을 타요.
> → 이 시간에 도로가 좀 붐벼야죠. 그래서 저는 지하철을 타요.

1) 요즘 SNS 때문에 문제가 많이 생기는 거 아시죠? 그래서 저는 아예 안 보고 살아요.

  → _____ 그래서 저는 아예 안 보고 살아요.

2) 그 가수가 발표한 곡이 아주 많지요? 다 기억하지도 못할 것 같아요.

  → _____ 다 기억하지도 못할 것 같아요.

3) 조종사가 되려면 조건이 여간 까다롭지 않은 거 알죠? 그걸 통과한 사람입니다.

  → _____ 그걸 통과한 사람입니다.

4) 그 친구 자존심이 아주 세잖아요. 설득하느라 애 좀 먹었습니다.

  → _____ 설득하느라 애 좀 먹었습니다.

5) 새벽부터 눈이 아주 많이 왔잖아요. 한라산은 출입 통제가 됐을 거예요.

  → _____ 한라산은 출입 통제가 됐을 거예요.

5. 다음 대화를 완성하십시오.

1) 가: 저 배우는 연예계 생활을 그리 오래 해도 스캔들 한 번 없네요. (자기 관리가 아주 철저하다)

  나: _____. 후배들이 본받을 만한 선배예요.

2) 가: 그렇게 원하던 인기 가수가 됐는데 뭐 때문에 힘들어하는 거야? (경쟁이 너무 치열하다)

  나: _____. 인기가 한순간에 사라질까 봐 늘 두려워.

3) 가: 지난번 구설수에 올랐던 운동선수가 모든 활동을 접었었다면서요? (인터넷 댓글로 상처를 많이 받았다)

  나: _____? 당분간 활동 재개는 어려울 것 같아요.

4) 가: 김 과장님은 저에게 주식에 투자할 생각은 하지도 말라고 하시던데. (그분이 주식에 손을 댔다가 돈을 많이 날렸다)

  나: _____? 그러실 만도 하지요.

6. 다음 문장을 보기와 같이 바꿔 쓰십시오.

> 보기 콘서트에서 팬들이 어찌나 소리를 질러대는지 노래를 전혀 들을 수가 없었다.
> →콘서트에서 팬들이 어찌나 소리를 질러대는지 노래를 <u>들으려야 들을 수가 없었다.</u>

1) 그 사람은 황소고집이어서 한번 하겠다고 하면 아무도 말릴 수가 없다.

→ _____

2) 생산을 중단한지 오래된 자동차여서 부품을 구하려 했으나 불가능하다.

→ _____

3) 이미 암세포가 몸 전체로 퍼져 있어서 어떻게 손을 쓸 수 없는 상태였다.

→ _____

4) 부당한 일을 겪어도 항의하면 회사를 그만둬야 하니까 얘기할 수 없다.

→ _____

5) 아무리 감추려고 해도 감출 수 없는 게 사랑과 재채기래요.

→ _____

7. 보기와 같이 대화를 완성하십시오.

> 보기 가: 공연을 취소하셨다면서요? 노래를 할 수 없을 정도예요?
> 나: 목에 염증이 생겨서 목소리가 안 나오니 노래를 <u>하려야 할 수가 없네요.</u>

1) 가: 담배를 끊겠다고 하더니 다시 피우는 거예요?

　나: 핑계 같지만 주위에서 계속 담배를 피우니까 _____

2) 가: 인터넷에 올라온 댓글이나 정보가 너무 많으니까 안 보고 싶어.

　나: 스마트폰이 있으니 _____

3) 가: 요즘 이 드라마 인기가 엄청나더라. 이것 때문에 주말이 더 기다려져.

　나: 대본 좋지 배우들 연기 잘하지 _____

4) 가: 경기가 풀릴 때까지 버티지 않고 왜 장사를 접으려고 해?

　나: 적자가 누적되고 빚이 늘어나서 더 이상 _____

제**29**과   -듯이   -되

1. 공통으로 들어갈 단어를 골라 쓰십시오.

> 가다   들다   잡다

1) 어디서 그랬는지 모르겠는데 스웨터에 흙물이 (   )았/었다.

   금년 (   )아/어서 대형 화재 사고가 벌써 세 번째이다.

2) 지난번 사건 이후로 두 사람의 우정에 금이 (   )기 시작했다.

   저희 회사로 인해 거래처에 피해가 (   )지 않도록 하려고 합니다.

3) 나는 그 일과 전혀 관계가 없어요. 괜한 사람 (   )지 마세요.

   이 프로젝트는 예산을 아무리 적게 (   )아/어도 천만 원은 들겠어요.

2. 알맞은 단어를 골라 넣으십시오.

> 굳이   도대체   밑도 끝도 없이   여간해선

1) 잘못한 사람이 화를 더 내니 (   ) 이런 법이 어디 있어요?

2) 마음에 들지는 않지만 네가 하겠다면 (   ) 말리지는 않겠다.

3) 성호가 오랜만에 불쑥 나타나 (   ) '잘 지내냐?' 하더니 그냥 가버리더라.

4) 과장님이 (   ) 남의 칭찬을 안 하는 사람인데 웬일로 너를 칭찬하더라.

3. 밑줄 친 부분과 비슷한 의미의 단어를 골라 쓰십시오.

> 개운하다   난해하다   질리다   취향   흥행

1) 아이가 크게 놀랐는지 얼굴빛이 하얗게 <u>핏기가 없어지고</u> 말이 없었다.

2) 어떤 예술 작품은 너무 <u>이해나 해석이 어려워서</u> 가까이할 수 없는 것도 있다.

3) 여러 가지 음식이 있으니까 자기 <u>마음이 끌리는 것</u>에 따라 골라 먹으면 돼.

4) 잠시 낮잠을 자고 나니 무거웠던 머리가 <u>가볍고 상쾌해진</u> 거 같다.

5) 이 공연은 국내에서 <u>상업적인 수익을 얻기</u>에는 실패했지만 해외 진출에는 성공했다.

-듯이

4. 보기와 같이 대화를 완성하십시오.

> **보기** 가: 옆 자리 동료가 왜 그렇게 신경이 쓰이는데요? (남의 물건을 자기 물건 쓰는 것처럼)
> 나: <u>남의 물건을 자기 물건 쓰듯이</u> 막 쓰니까 기분이 안 좋아요.

1) 가: 그 드라마 작가의 대본이 좋기로 유명하다면서? (물 흐르는 것처럼)

　 나: 응, ＿＿＿＿＿＿＿＿＿＿＿＿＿＿＿ 자연스러우면서도 마음에 와 닿는 느낌이랄까?

2) 가: 형제가 어릴 때부터 심부름도 잘하고 뭐든지 열심히 했지요? (서로 경쟁하는 것처럼)

　 나: ＿＿＿＿＿＿＿＿＿＿＿＿＿＿＿ 먼저 하려고 다투어서 걱정이에요.

3) 가: 사업도 잘되지 아이들도 공부 잘하지 걱정이 없으시겠어요. (들여다보면 문제가 없는 가정이 없는 것처럼)

　 나: ＿＿＿＿＿＿＿＿＿＿＿＿＿＿＿＿ 저희도 걱정이 있답니다.

4) 가: 이번 명절 연휴가 긴데 특별한 계획이라도 있어? (늘 그랬던 것처럼)

　 나: 별 거 없고 ＿＿＿＿＿＿＿＿＿＿＿＿＿ 고향에 내려가서 부모님 뵙는 거지 뭐.

5) 가: 이번 프로젝트 진행을 어떻게 하실 생각인가요? (아까 말한 대로)

　 나: ＿＿＿＿＿＿＿＿＿＿＿＿＿ 후배들에게 전적으로 맡겨 볼 생각입니다.

5. (　　) 안에 알맞은 말을 넣어 문장을 완성하십시오.

> 물 쓰듯이　　　밥 먹듯이　　　불 보듯이　　　번갯불에 콩 볶듯이

1) 그 사람은 거짓말을 (　　　　　　　　　　) 해서 믿을 수가 없다.

2) 저렇게 돈을 (　　　　　　　　　) 하다가는 금방 바닥이 날 것이다.

3) 결과가 안 좋을 게 (　　　　　　　　　) 뻔한데 어떻게 가만히 있겠어요?

4) 갑자기 부탁을 해도 (　　　　　　　　　) 일을 후다닥 잘 처리해 낸다.

6. 다음 문장을 보기와 같이 바꿔 쓰십시오.

> 보기 이 약을 복용하세요. 단, 시간과 용량을 정확하게 지켜야 합니다.
> → 이 약을 복용하되 시간과 용량을 정확하게 지켜야 합니다.

1) 책을 보고 답안을 작성할 수 있지만 시간은 엄수해야 한다.

→ _____

2) 죄는 미워해도 사람은 미워하지 말라는 말이 있습니다.

→ _____

3) 그 사건에 대한 영화를 제작한다. 단, 문제가 될 내용은 굳이 넣지 않는 것이 좋겠습니다.

→ _____

4) 근무시간은 오후 6시까지로 한다. 단, 토요일은 오전 근무만 한다.

→ _____

5) 남우주연상 후보에는 여러 번 올랐으나 아쉽게도 상을 타지는 못했다.

→ _____

7. 다음 대화를 완성하십시오.

1) 가: 중학생 아들이 게임에 빠져 있는데 어떻게 하는 게 좋을까요?

나: 게임을 하게는 하되 _____

2) 가: 계약 조건을 보면 취소가 가능하다고 되어 있지 않아요?

나: 네, _____ 계약금은 돌려받을 수 없다고 돼 있어요.

3) 가: 부모님이 자식들에게 자유롭게 뭐든지 하도록 내버려 두셨나 봐요. 부럽네요.

나: _____ 책임도 스스로 져야 한다고 늘 말씀하셨어요.

4) 가: 모르는 사람들과 밥도 같이 먹고 공동생활을 하는 게 불편하지 않습니까?

나: _____ 사생활은 참견하지 말자는 원칙이라 괜찮아요.

제**30**과   -은/는 고사하고   -기가 무섭게   -(으)ㄴ/는/(으)ㄹ 줄 알아?

어휘와 표현

1. 알맞은 것끼리 연결하고 문장을 완성하십시오.

1) 함부로 침범할 수 없는 구역, 신성한 구역 •　　　　　•① 격식

2) 어떤 사람이나 물건에 대해 알고 있는 정도 •　　　　　•② 대세

3) 사상이나 학문 따위에서 중심이 되는 흐름 •　　　　　•③ 발굴

4) 세상에 널리 알려지지 않은 것을 찾아 밝혀냄 •　　　　　•④ 성역

5) 일이 진행돼 가는 결정적인 형편이나 모양 •　　　　　•⑤ 시사

6) 일정한 방식이나 스타일 •　　　　　•⑥ 인지도

7) 그 당시 사회에서 일어난 일 •　　　　　•⑦ 주류

2. 알맞은 단어를 골라 넣으십시오.

> 감칠맛 나게　　　딱히　　　무작정　　　불티나게

1) 입소문이 나서 그런지 진열대에 제품을 내놓기가 무섭게 (　　　　　　) 팔려 나간다.

2) 일상탈출을 하고 싶어 아무 계획도 없이 (　　　　　　) 여행을 떠났다.

3) 새로운 프로를 기획해야 하는데 (　　　　　　) 아이디어가 없어서 답답하다.

4) 그 토크쇼의 진행자는 농담을 섞어가면서 얼마나 (　　　　　　) 얘기를 하는지 시청자들의 눈과 귀를 사로잡는다.

3. 알맞은 단어를 골라 쓰십시오.

> 꺼리다　　　나누다　　　누르다　　　다루다　　　먹다

1) 연예인이면 공인인데 그런 무책임한 발언을 하니까 욕을 (　　　　　　)(으)ㄴ/는 거야.

2) 그 배우는 촬영장에서 하도 까다롭게 구니까 같이 작업하기가 (　　　　　　)아/어진다.

3) 저희는 기쁨과 슬픔을 함께 (　　　　　　)(으)며 지내온 사이라고 할 수 있어요.

4) 최근 사회문제를 (　　　　　　)(으)ㄴ/는 영화 몇 편이 개봉 되었다.

5) 집에 불은 켜져 있는데 초인종을 여러 번 (　　　　　　)아/어도 아무 대답이 없다.

4. 다음 문장을 보기와 같이 바꿔 쓰십시오.

> 보기 여행은 물론이고 외식 한번 하는 것도 돈이 아까워 벌벌 떠는 구두쇠예요.
> → 여행은 고사하고 외식 한번 하는 것도 돈이 아까워 벌벌 떠는 구두쇠예요.

1) 돈 빌린 친구가 잠적을 해서 이자는 물론이고 원금도 못 받게 되었어요.

  → _____

2) 독립해서 혼자 산 후로 애완동물은커녕 화분 한 개도 길러 본 적이 없어요.

  → _____

3) 드라마 주연은 바라지도 않고 조연으로라도 출연하고 싶은데 불러 주는 사람이 없다.

  → _____

4) 부모님 생신에 진수성찬은커녕 미역국 한번 끓여 드린 적이 없네요.

  → _____

5) 용의자 집 근처에서 잠복근무 중인데 용의자는 물론이고 사람 그림자도 안 보인다.

  → _____

5. 다음 대화를 완성하십시오.

1) 가: 김 선생님은 학생 때 장학금 받으면서 다니는 우등생이었을 것 같은데. (장학금은커녕 학점이 나빠 거의 낙제할 정도였어요.)

  나: 우등생이라니요? _____

2) 가: 아까 유 과장이 왔던데 지난번 일에 대해 사과하러 온 거죠? (그런데 사과는커녕 자기변명만 한참 하고 가더라고요.)

  나: 저도 그런 줄 알았어요. _____

3) 가: 과로하는 거 같은데 휴가 길게 내서 훌쩍 여행이라도 다녀오세요.

  나: 장기 휴가는 고사하고 _____

4) 가: 김 피디님, 이번 프로 대박날 것 같아요. 시청률 1위 하는 거 아니에요?

  나: 무슨 소리 하시는 거예요? _____

6. 보기와 같이 대화를 완성하십시오.

> 보기 가: 요즘 아이들이 힘든 걸 참고 기다리지 못한다고 들었어요. (아이들 입에서 말이 떨어지다)
> 나: 그건 부모들이 <u>아이들 입에서 말이 떨어지기가 무섭게</u> 다 들어줘서 그래요.

1) 가: 여기 올 때마다 제가 사려는 과자가 없어요. (갖다가 놓다)

   나: 요즘 인기 상품이라서 _____ 팔려 버리네요.

2) 가: 옆집 수진이는 맨날 나가는지 얼굴 보기가 어렵더라. (해가 뜨다)

   나: _____ 아침마다 나가서 하루 종일 돌아다니나 봐.

3) 가: 지난번 병원에서 거의 다 나았다고 했는데 왜 재발한 걸까? (조금 회복되다)

   나: _____ 출근해서 과로를 하니까 그렇죠.

4) 가: 내가 술을 너무 빨리 마셨나 봐. 금방 취하네. (잔을 채우다)

   나: 어쩐지. _____ 마시더라니.

---

7. 보기와 같이 대화를 완성하십시오.

> 보기 가: 그 사람과 결혼하는 게 꿈만 같아요. 정말 평생 잘해 줄 거예요.
>   (살다 보면 좋은 날만 있지 않아.)
> 나: <u>살다 보면 좋은 날만 있는 줄 알아?</u> 지금 이 마음 기억하면서 서로 위해 주고 살아.

1) 가: 걔가 아직 철이 없어서 그런 건데 네가 좀 봐 줘라. (한두 번도 아니고 내가 또 참지 않을 거야.)

   나: _____? 이번에는 단단히 혼을 내 줘야겠어.

2) 가: 너는 외모 되겠다, 재능도 남다르것다, 바로 뜰 거 같아. (연예계에서 성공하기가 쉽지 않다)

   나: _____? 실력은 기본이고 운도 따라야 해.

3) 가: 아는 후배가 집안에 문제가 있다길래 빌려 준 건데 돈을 가지고 사라지다니.
      (세상 사람들이 다 너 같지 않아.)

   나: _____? 빌려 준 돈은 인생 수업료 낸 거라고 생각해.

4) 가: 지난번에 운이 좋았으니까 이번에도 틀림없이 좋을 거야.

   나: 매번 _____? 그럼 누구나 성공하게?

1. 밑줄 친 말과 비슷한 의미의 단어를 골라 쓰십시오.

> 기어이   더러   심지어   여간해서는   조만간

1) 율리아는 한국 영화광이라서 안 본 영화가 없을 정도예요. <u>아주 심하다 못해</u> 나중에는 30~40년 전 영화까지 찾아서 봤대요.

2) 당사자들끼리 해결을 못하고 소송까지 하게 돼서 재판을 하고 있는데 <u>머지않아, 얼마 안 가서</u> 시시비비가 가려지겠지요.

3) 그 사람은 자신의 감정이나 기분을 <u>보통의 경우, 심한 정도가 아니라면</u> 잘 드러내지 않기로 유명해요.

4) 우리 형은 다른 사람들이 아무리 말려도 안 듣고 <u>어떻게 해서든지, 결국에</u> 자기가 하고 싶은 사업을 시작하고야 말았다.

5) 아무리 사이좋은 부부라고 해도 <u>어쩌다 드물게,</u> 얼마쯤은 부부싸움도 하고 그러는 게 당연한 거 아닐까요?

2. 공통으로 들어갈 단어를 골라 알맞게 쓰십시오.

> 다루다   떼다   삼다   질리다   치르다

1) 아이가 얼마나 놀랐던지 겁에 (   )(으)ㄴ/는 표정으로 아무 말도 못하더라고요.

　제 친구는 김치로 만든 음식은 아무리 먹어도 (   )지 않는다고 해요.

2) 매일 아침 문 앞에서 강아지를 (   )아/어 놓고 나오기가 쉽지 않아요.

　생산라인에서 기계가 돌아가고 있을 때는 잠시도 눈을 (   )아/어서는 안 돼요.

3) 누구든지 법 앞에 평등하게 죄의 대가를 (   )아/어야 한다고 생각합니다.

　대입 시험 방식이 바뀌어서 시험을 (   )(으)ㄴ/는 수험생들이 혼란스러울 거 같다.

4) 그 소설이 (   )고 있는 이야기는 오래 전 있었던 두 나라의 전쟁에 관한 거예요.

　그 팀의 감독은 선수들을 엄하게 (   )기로 유명한 사람이다.

5) 요즘 매일 신문에 나는 정치 이슈를 화제 (   )아/어 이야기를 나누었다.

　친구가 운동 (   )아/어 보드를 타고 학교에 다닌다는데 위험할 거 같아.

3. 알맞은 유형을 사용하여 주어진 문장과 의미가 비슷한 문장을 만드십시오.

> -거늘   -것다 -것다   -(으)려니   -되   -듯이

1) 다음 달로 이사 날을 잡으세요. 아무 날이나 하지 마시고 손 없는 날로 잡으세요.

→ _____

2) 사람이라면 양심이 있는 게 당연한데 인간의 탈을 쓰고 어찌도 그리 악할까?

→ _____

3) 두 사람이 궁합도 좋고 보기에도 잘 어울리는 선남선녀인데 결혼 날만 잡으면 되겠네.

→ _____

4) 누구나 그렇다. 물질의 욕심 앞에서는 자신을 통제하기가 쉽지 않은 법이다.

→ _____

5) 안 좋은 일이 있어도 곧 나아지겠지 생각하고 있으면 정말로 그렇게 돼요.

→ _____

4. 다음 대화를 완성하십시오.

1) 가: 지수는 블로그에서 의류 판매 사업을 한다고 하더니 잘되나 봐. (-기가 무섭게)

나: 응. _____ 팔려 나간다고 하데.

2) 가: 어릴 때 살던 곳에 한번 가 보고 싶지 않으세요? (-(으)려야 -(으)ㄹ 수가 없다)

나: 동네에 도로가 뚫리면서 마을이 없어져서 _____

3) 가: 그 프로는 시청률이 요즘 안 나와서 폐지될 거라고 하더라. (-다손 치더라도)

나: _____ 오래 해 온 교육 프로그램을 없애는 건 안 되지.

4) 가: 현우는 결혼하더니 표정이 밝아지고 행복해 보이데. (-(으)ㄴ/는 양)

나: 맞아. 전에는 안 그랬는데 _____ 싱글벙글하더라.

5) 가: 아파트 윗집이 시끄러워서 이사를 간다고? 장난이 아닌가 보네. (좀 -아/어야지)

나: 응. _____. 살 수가 없다니까.

해답

제1과

1.

1) 생소해서   2) 무궁무진하다고   3) 사납게   4) 드문

2.

1) 낄낄거리느라(낄낄대느라)   2) 으르렁거린다(으르렁댄다)
3) 휘청거리는(휘청대는)   4) 꿈틀거려요(꿈틀대요)
5) 출렁거리는(출렁대는)

3.

1) 식사다운 식사   2) 영화다운 영화   3) 군인다운 군인

4.

1) 그 나라는 오랜 전쟁으로 국토의 대부분이 폐허가 되다시피 했어요.
2) 지난주는 공휴일이 3일이나 있었고 거래처들도 쉬어서 거의 놀다시피 했어요.
3) 부모님 두 분이 가게를 하셔서 살림은 큰딸이 하다시피 해요.
4) 한국어를 정식으로 배운 건 없고 거의 독학하다시피 했어요.
5) 집 앞 빙판길에서 넘어졌는데 움직일 수가 없어서 거의 기어서 오다시피 했어요.

5.

1) 너도 알다시피 내가 요즘 논문 준비 때문에 눈코 뜰 새가 없단다.
2) 보고 계시다시피(=보시다시피) 현재 공사가 계획대로 진행되고 있습니다.
3) 늘 강조해서 말했다시피 외국어를 공부하는 데는 왕도가 없다는 거죠.
4) 언론을 통해 보도가 되었다시피 지방선거 투표일이 1주일 연기되었습니다.

6.

1) 신선한 재료가 많이 들어간 음식치고 맛없는 음식을 못 봤어요.
2) 남에게 인색하게 굴면서 돈 버는 사람치고 끝에 가서 잘되는 사람을 못 봤어요.
3) 그 코미디언이 출연한 프로치고 시청률이 높게 나오지 않은 프로를 봤어요.
4) 한국어를 공부하는 외국인치고 한번쯤 도중에 어려움을 겪지 않은 사람을 못 봤어요.
5) 말로만 큰소리 치는 사람치고 일을 제대로 하는 사람을 못 봤어요.

7.

1) 갑자기 부자 된 사람치고 겸손한 사람이 어디 있겠어요?
2) 목소리 큰 사람치고 악한 사람 없다고 하잖아요.
3) 요즘 십대들이 하는 농담치고 비속어가 들어가지 않은 말이 없어요.
4) 대기업치고 사원 복지가 잘 안 되어 있는 회사가 어디 있어요?

제2과

1.

1) 순식간에   2) 가뜩이나   3) 걸핏하면

2.

1) 품격과   2) 비속어를   3) 예의   4) 어감이

3.

1) 튀어나올   2) 떨쳐   3) 어이가 없다니까
4) 퍼지는   5) 소외되는

4.

1) 동료가 요 며칠 너무 힘들어하길래 병이라도 날까 봐 일을 대신해 주었다.
2) 지난주에 만든 찜닭을 친구들이 잘 먹길래 또 했는데 맛이 없게 된 거 같다.
3) 후배가 알려 준 줄임말이 재미있길래 일부러 카톡방에서 그 말을 사용해 봤다.
4) 과일 가게 주인이 계속 사라고 하길래 사 왔는데 너무 많이 샀나 보다.

5.

1) 도대체 무슨 얘기를 들었길래 그런 말을 해?
2) 카드 사용료가 얼마나 나왔길래 파산까지 한다는 거야?
3) 오기로 한 사람이 몇 명이나 되길래 고기를 10kg이나 산다는 거야?
4) 도대체 어디에 가길래 지금부터 준비를 하러 들어간다는 거야?
5) 무슨 잘못을 했길래 고개를 못 들겠다는 거야?

6.

1) 신호등 앞에 서 있는데 돈 봉투 같은 게 떨어져 있지 않겠어요?
2) 아버지한테 안마를 해드렸더니 너무 시원하다며 돈을 주시지 않겠어요?

3) 동료한테 조언을 구하니까 나보고 이 분야를 모르는 것 같다
며 무시하지 않겠어요?
4) 이래봬도 고등학교 때 전국체육대회에 경기도 대표로 출전
을 하지 않았겠어요?
5) 이런 일이 일어날 줄 알고 미리미리 대비책을 다 세워 놓지
않았겠어요?

7.
1) 지난 일을 가지고 트집을 잡지 않겠어요?
2) 번개가 번쩍하더니 불이 꺼지지 않겠어?
3) 악수도 하고 얘기도 나누지 않았겠어?
4) 아까 해 봤는데 55초에 풀지 않았겠어?

제3과

1.
1) 까딱   2) 다짜고짜   3) 고스란히

2.
1) 씁쓸한   2) 거북할   3) 드러나는   4) 진솔하게

3.
1) 중이 제 머리 못 깎는다고 하잖아요.
2) 수박 겉 핥기 식으로 공부하지 말고 제대로 공부하고 놀아.
3) 짚신도 짝이 있다고 하잖아. 좋은 사람이 나타날 거야.
4) 고생 끝에 낙이 온다더니 이제는 아무 걱정 없으시겠네요.

4.
1) 입는 둥 마는 둥 하고
2) 듣는 둥 마는 둥
3) 읽을 둥 말 둥
4) 자는 둥 마는 둥 했어요

5.
1) 듣는 둥 마는 둥 하더라.
2) 하는 둥 마는 둥 하고 나왔어.
3) 먹는 둥 마는 둥 하고 나가더라고.
4) 외울 둥 말 둥 한데.
5) 될 둥 말 둥 한데 한숨 자고 나서 언제 해?

6.
1) 그 도시의 골목길은 미로처럼 되어 있어서 까딱하면 길을 잃
고 헤매기 십상이다.

2) 조건을 잘 따져보지 않고 사업을 시작했다가는 손해를 보
기 십상이다.
3) 끝까지 마무리를 하지 않으면 열심히 해 온 일들이 흐지부지
되기 십상이다.
4) 운동장에 돌멩이가 많아서 아이들이 뛰다가 넘어져 다치기
십상이겠다.
5) 그 일은 근무 시간이 들쭉날쭉 일정하지가 않아서 오래 일하
다가는 몸 버리기 십상이겠다.

7.
1) 돈 날리기 십상인데.
2) 손가락질 당하기 십상이에요.
3) 분위기 썰렁해지기 십상일걸.
4) 아이 버릇 나빠지기 십상인데.

제4과

1.
1) 푸석푸석해요   2) 바스락거리는   3) 두근거리고
4) 강박관념   5) 공포

2.
1) 우울증   2) 폐쇄공포증   3) 공황장애   4) 조울증
5) 불면증

3.
1) 업무량도 많거니와 동료 간의 경쟁도 치열해서 회사 생활이
생각보다 힘들어요.
2) 원래 술도 좋아하지 않거니와 술자리도 별로 없어서 마실 기
회가 거의 없습니다.
3) 그 배우는 외모도 멋지거니와 매너가 좋기로 소문이 났어요.
4) 오래전부터 불면증이 있었거니와 최근에 우울증 증세를 보여
서 입원했다고 합니다.
5) 그 팀은 실력도 좋으려니와 운도 좋아서 결승까지 올라간
것 같다.
6) 새로 나온 약은 비싸기도 하려니와 부작용이 생길 위험도 있
습니다.

4.
1) 몸도 단련시켜 주거니와 정신 건강에도 도움이 돼요.
2) 자금도 넉넉지 않았으려니와 처음이라 경험도 부족했어요.
3) 술도 술이거니와 불규칙한 식생활도 문제예요.

해답

5.
1) 사회가 많이 변했을지언정 소중한 가치가 쉽게 변하는 것은 아니에요.
2) 삶이 고되고 힘들지언정 불의와 타협하지 말고 항상 바르고 정의롭게 살아야 한다.
3) 그는 한때 슬럼프에 빠져 방황을 했을지언정 이제는 남부럽지 않은 선수로 성장했다.
4) 선배로서 능력은 부족할지언정 후배들을 아끼는 마음은 크답니다.
5) 다이어트를 하지는 못할지언정 야식까지 먹어 대니 살이 빠질 수가 없어요.

6.
1) 네, 길이 막혀서 고생을 했을지언정
2) 차라리 술을 끊을지언정
3) 내가 사업을 접을지언정
4) 멀리 있으니 선물을 사 드리지는 못할지언정

제5과

1.
1) 수지침 2) 식은땀 3) 민간요법 4) 축소판 5) 대체 의학

2.
1) 따끔할 2) 체한 3) 뚫리기 4) 갚느라고 5) 신통하게도

3.
1) 잔뜩 2) 진작 3) 부랴부랴 4) 그나저나

4.
1) 오늘 도와준 것으로 지난번 이사할 때 신세 진 것을 갚았다고 칩시다.
2) 어제는 차가 막혀서 늦었다고 치고 오늘은 왜 또 늦었는지 말해 보세요.
3) 단둘이 데이트한 날을 우리 만남의 첫날이라고 치면 오늘이 딱 100일째예요.
4) 이미 지나간 일은 어쩔 수 없다 치더라도 이제 더 이상 실패하면 안 돼요.

5.
1) 그럼 숙소는 해결됐다고 치고 이제 비행기 표를 알아봅시다.
2) 아무리 상대방이 잘못했다고 쳐도 유명인이 함부로 행동하면 안 되지요.

3) 1달러가 1,000원쯤이라고 치면 2천만 원쯤 되는 것 같은데요.
4) 대놓고 얘기하는 건 아니니까 못 들었다고 치고 마음에 두지 마세요.

6.
1) 이제는 치료받으러 병원에 안 와도 된다니까 거의 다 나은 셈이에요.
2) 도와주려다가 본의 아니게 문제를 일으켜서 방해를 한 셈이 되었네요.
3) 교통비 2만 원만 내면 점심도 먹고 관광지도 간다니 거의 공짜인 셈이다.
4) 운동하는 셈 치고 웬만한 거리는 걸어 다니고 있어요.
5) 의심스러웠지만 한번 속는 셈 치고 그 친구가 하자는 대로 하기로 했어요.

7.
1) 자리를 잡은 셈이에요.
2) 조금 손해를 보는 셈 치고
3) 네, 도와주는 셈 치고
4) 한 6~7킬로미터는 걷는 셈이에요.

제6과

1.
1) ② 2) ⑤ 3) ④ 4) ③ 5) ①

2.
1) 속을 썩여서 2) 속 보이는 3) 속이 상했습니다
4) 속이 터질 5) 속이 풀리는

3.
1) 가릴 2) 삼가도록 3) 깨닫게 4) 채우지

4.
1) 얼음장같이 차디찬 방에 돌보는 사람도 없이 노인 혼자 누워 있었어요.
2) 쓰디쓴 약이 몸에 좋듯이 듣기에 거슬리는 말이 인생에 도움이 됩니다.
3) 펑펑 놀고 있는 사람도 있는데 바쁘디바쁜 사람에게 왜 또 일을 시키려고 합니까?
4) 그의 집에 가려면 좁디좁은 골목길을 지나 가파른 언덕길을 또 올라가야 합니다.
5) 오늘같이 춥디추운 날에 그렇게 얇은 옷을 입고 나가면 어떻게 해?

5.

1) 여리디여려 보이는데
2) 짧디짧은 머리에 두껍디두꺼운 안경을 끼고
3) 큰 고생 없이 편하디편하게 살아서
4) 꿀같이 달디단 말로 유혹해도

6.

1) 이 트럭이 오래되고 낡았을망정 나와 가족들에게는 소중한 생계 수단입니다.
2) 외국에 체류 중인 가족과 비록 몸은 떨어져 있을망정 마음만은 늘 함께 있습니다.
3) 사회적으로 크게 출세를 못할망정 제가 좋아하는 일을 하면서 살고 싶습니다.
4) 회사를 그만둘망정 인간 이하의 대접을 받고서는 도저히 일할 수가 없습니다.
5) 부모가 자식 뒷바라지를 해 주지는 못할망정 앞길을 막아서는 안 되겠죠.

7.

1) 비록 값이 좀 비쌀망정
2) 네, 경제적으로 넉넉한 편은 아닐망정
3) 그냥 내다 버릴망정
4) 다이어트 중인 친구를 도와주지는 못할망정
5) 위로해 주지는 못할망정

복습 (제1과~제6과)

1.

1) 통째로, 고스란히
2) 걸핏하면, 웬만하면, 가뜩이나
3) 다짜고짜, 그나저나, 부랴부랴
4) 진작, 잔뜩, 까딱

2.

1) 거북하다   2) 어이가 없어서   3) 자빠질
4) 씁쓸하네요   5) 막론하고   6) 대수롭지

3.

1) 아시다시피   2) 내지 않겠어요?   3) 실수하기 십상이다
4) 하거니와   5) 먹는 둥 마는 둥

4.

1) 대도시치고 환경 문제가 없는 곳이 없는 것 같아요.

2) 내가 굶어 죽을망정 그 사람 앞에서 무릎을 꿇고 싶지 않아요.
3) 요즘 유행어를 모르면 젊은 학생들과 대화가 안 되길래 인터넷에서 찾아봤어요.
4) 출장 갔다가 조금 다쳤는데 액땜한 셈 치고 다행이라 생각하려고요.
5) 여행을 가려면 비용도 비용이거니와 회사에서 휴가를 내기도 만만치 않아요.
6) 이 통계표에 나와 있다시피 최근 몇 년 사이 우울증 환자가 급증하고 있습니다.

제7과

1.

1) 마냥   2) 딱히   3) 차마   4) 한사코

2.

1) 존엄사   2) 뇌사   3) 안락사   4) 자연사   5) 과로사

3.

1) 질색   2) 일리   3) 안쓰럽더라   4) 처지는

4.

1) ⑥   2) ⑤   3) ③   4) ①   5) ④

5.

1) 키운다고 키웠건만
2) 물려줄 자식도 없건만
3) 10년 넘게 일을 했건만
4) 자식들이 물려받으면 좋겠건만(=좋으련만)

6.

1) 이왕 시간을 내서 여행을 갈 바에는 일정이 빡빡해도 국내보다 해외로 갔으면 합니다.
2) 졸업 후에 전공을 살릴 수 없는 직장에서 일을 할 바에는 창업을 하는 게 낫겠어요.
3) 월드컵 축구 경기를 직접 보면 좋지만 VIP석이 아닐 바에는 굳이 가고 싶지 않아요.
4) 이왕 수술을 할 바에는 하루라도 빨리 받는 게 좋을 것 같습니다.

7.

1) 배로 갈 바에는
2) 천오백만 원이나 주고 중고차를 구입할 바에는

3) 초대할 바에는
4) 공부할 바에는
5) 다이어트를 할 바에는

제8과

1.

1) 무턱대고   2) 가령   3) 잣대로   4) 하물며
5) 일관성이 없고

2.

1) ⑥   2) ④   3) ⑤   4) ②   5) ①   6) ③

3.

1) 성별   2) 지역별   3) 월별   4) 학기별

4.

1) 아무리 말을 붙여도 돌부처처럼 묵묵부답이니 답답하기 짝이 없어요.
2) 입시에 떨어져서 실의에 빠져있는 아이를 보고 있으려니 마음이 괴롭기 짝이 없어요.
3) 정작 피해를 입은 사람은 난데 나를 가해자로 모니까 억울하기 짝이 없었어요.
4) 가장 믿었던 친구가 나를 속였다는 사실을 알았을 때 괘씸하기 짝이 없었어요.
5) 사람들의 시선을 끌기 위한 그의 행동은 유치하기 짝이 없었어요.

5.

1) 다닐 때 위험하기 짝이 없어요.
2) 색감이 너무 이질적이어서 어색하기 짝이 없었어요.
3) 정말 어리석기 짝이 없어요.
4) 예의가 없고 무례하기 짝이 없어요.

6.

1) 부모님이 아무리 화가 났기로서니 자식을 집에서 내쫓지는 않겠죠?
2) 일주일을 굶었기로서니 남이 먹다 버린 음식을 주워 먹는 일은 없을 거예요.
3) 교육부 장관이 바뀌었기로서니 일관성 없이 또 교육정책이 달라지는 건 아니겠죠?
4) 아무리 철딱서니가 없기로서니 어떻게 그다지도 부모 마음을 섭섭하게 한단 말이니?

5) 인문학의 기본인 이 학과가 취업에 유리하지 않기로서니 갑자기 폐지된다는 게 말이 됩니까?

7.

1) 아무리 미세먼지가 심하기로서니 어떻게 일주일 내내 집안에만 틀어박혀 있어요?
2) 옷이 아무리 예쁘고 저렴하기로서니 색깔별로 10벌이나 주문을 하는 건 심해요.
3) 입시에 실패했기로서니 스스로 목숨을 끊는다는 건 안타까운 일이에요.
4) 인삼이 아무리 몸에 좋기로서니 삼시 세끼 인삼만 먹는 건 심한 거 아니에요?

제9과

1.

1) 침해할   2) 불미스러운   3) 부득이한
4) 미연에 방지하는   5) 찜찜해요

2.

1) 꽂아   2) 달려   3) 달고   4) 다는

3.

1) 거절당했다   2) 이용당했다는   3) 무시당하는
4) 괴롭힘을 당한

4.

1) 우리 형은 형제 중에서 유일하게 유학까지 갔다 온 유학파랍시고 무척 배운 티를 냅니다.
2) 사업을 한답시고 전국 방방곡곡을 다 돌아다니지만 수입은 신통치 않다.
3) 돈이 좀 있답시고 거만하게 구는 것 정말 보기 싫어요.
4) 올해는 담배를 끊겠답시고 굳은 결심을 했지만 끝내 끊지 못했다.
5) 어린 조카가 엄마를 돕는답시고 이것저것 심부름을 하는 모습이 너무 귀엽고 대견해요.

5.

1) 프로골프 선수가 된답시고   2) 운전한답시고
3) 살을 뺀답시고   4) 동생을 돌봐 준답시고/형이랍시고

6.

1) 한 시간째 자기주장만 계속 고수하니 정말 답답해서 미칠 노릇이에요.
2) 취직은커녕 도박에 빠져 부모 속만 썩이고 있으니 정말 한심한 노릇이에요.
3) 의대를 나온 아들이 시골에서 농사를 짓겠다고 하니 참 기가 막힐(=막히는) 노릇입니다.
4) 500년 전에 저렇게 멋진 건물을 사람의 힘으로 지었다니 그저 감탄할 노릇이에요.

7.

1) 일은 많고 인력은 부족하니까 어쩔 수 없는 노릇이지요.
2) 하늘도 감탄할 노릇이네요.
3) 정말 안타까운 노릇입니다.
4) 네, 생각만 해도 소름이 끼치는(=끼칠) 노릇이에요.
5) 참 딱한 노릇이군요.

제10과

1.

1) 말아서   2) 뜨는데   3) 뜨는   4) 끓는, 떠
5) 끓고   6) 말아서

2.

1) ①   2) ⑤   3) ②   4) ④   5) ③

3.

1) 식지   2) 데었어요   3) 볶다가, 볶으세요   4) 쪄서

4.

1) 고춧가루랑 고추장을 오죽 많이 넣었으면 재료가 다 빨개졌을까?
2) 오죽 나가고 싶었으면 스무 번이나 도전했겠어?
3) 스트레스가 오죽 심했으면 그만두었을까?
4) 오죽 힘들었으면 그랬겠어?
5) 오죽 무서웠으면 그럴까?

5.

1) 고추까지 넣었으니 오죽 매웠겠어요?
2) 멀고 먼 오지에서 가족과 떨어져 사니 오죽 외롭겠어요?
3) 희생자 가족들은 오죽 슬프겠어요?
4) 오죽 맛있게 만들었겠어요?

6.

1) 전통 음식이자   2) 후원자이자   3) 대표작이자
4) 유적지이자   5) 장점이자

7.

1) 인사말 정도가 고작이야.
2) 3마리가 고작이었어.
3) 글쎄, 자장면 시켜 주는 게 고작일걸.
4) 서류 복사하고 파일 정리하는 게 고작이에요.

제11과

1.

1) 삶아   2) 절입니다   3) 절여진   4) 무쳐   5) 곁들여서

2.

1) 매콤하다고   2) 고소한   3) 짭짤한   4) 얼큰한
5) 새콤달콤하게   6) 쌉쌀한

3.

1) ④   2) ③   3) ②   4) ①

4.

1) 한여름에는 숨이 막힐 듯이 무덥고 답답한 날이 계속돼서 힘들어요.
2) 옆집 개는 누가 오면 달려들 듯이 무섭게 짖어 댄다.
3) 물고기를 그렸는데 마치 살아 움직이는 듯이 표현을 너무 잘했다.
4) 내 말을 듣더니 기분 나쁘다는 듯이(=기분 나쁘다고 하는 듯이) 일어나서 휙 나가 버리더라고.
5) 이 사고가 자신과는 아무 관련이 없다는 듯이(=아무 관련이 없다고 하는 듯이) 뻔뻔한 표정을 지었다.

5.

1) 배가 뒤집힐 듯이   2) 불면 날아갈 듯이
3) 몇 끼를 굶은 듯이   4) 불만이라는 듯이

6.

1) 친구가 김치를 한 번 만들어 보고서 힘이 들었는지 다음에는 슈퍼에서 사 먹겠다고 한다.
2) 그분이 언젠가 한 번 오고서 그 다음부터는 다시 안 오는 거 같아요.
3) 상대방의 얘기를 더 들어보고서 어떻게 할지 결정을 하자.

4) 유명한 요리사가 하는 걸 TV에서 보고서 그대로 따라서 만들었어요.

5) 금방 돌아오겠다고 하고서 두 시간이 지나도록 안 오니 얼마나 걱정이 됐겠어?

7.

1) 미역국이나 육개장에 집에서 만든 간장을 넣지 않고서는 제 맛이 안 날 텐데.

2) 사람은 겪어 보지 않고서는 어떤 사람인지 모르는 법이에요.

3) 먼저 기본기를 익히지 않고서 어떻게 고급 기술을 익히겠어요?

4) 무슨 원수가 아니고서는 그렇게까지 나쁘게 행동할 수는 없어요.

6.

1) 많이 있으면 더 좋겠지만 이거나마 없었으면 어쩔 뻔했어요?

2) 작은 정성이나마 보태고 싶은 마음이니 거절하지 말아 주세요.

3) 분주한 생활 속에서 잠시나마 모든 걸 내려놓고 휴식을 취했던 시간이었어요.

4) 희미하게나마 기억 속에 남아있는 것들을 더듬어서 이야기를 써 내려가고 있다.

5) 정부의 이번 대책이 시원스럽지는 않지만 약간이나마 도움은 될 거라고 봅니다.

7.

1) 얼마 안 되는 금액이나마   2) 짧은 시간이나마

3) 바느질은 엉성하나마   4) 풍족하지는 않으나마

제12과

1.

1) 달래   2) 쫄깃한   3) 푸짐하게   4) 씹혀서   5) 풍부해서

2.

1) 사치스러운   2) 담백한   3) 질기지요   4) 다채로운

5) 타고나는

3.

1) ②   2) ③   3) ①

4.

1) 같이 사는 친구가 늘 집을 어지럽히는데 매일 내가 치우자니 짜증이 나요.

2) 혼자 살고 싶어서 집을 나왔지만 막상 혼자 살자니 여러 가지가 불편하다.

3) 우리 개가 새끼를 4마리 낳았는데 키우자니 힘들 거 같고 누구에게 주자니 또 서운해요.

4) 상황을 보고 있자니 잘못하면 우리한테 비난이 쏟아지겠더라고요.

5) 퇴원할 때까지 병원에서 누워 지내자니 답답해서 못살겠어요.

5.

1) 모르는 척하자니

2) 해외 연수를 떠나자니

3) 사실대로 말을 하자니 화를 낼 게 뻔하고 숨기자니 마음이 불편하고 어찌해야 좋을지 모르겠어요.

4) 이벤트를 하자니 돈이 만만치 않게 들 것 같고 그냥 넘어가자니 여자 친구한테 미안하고.

복습 (제7과~제12과)

1.

1) 차마, 얼핏   2) 하물며, 그나마   3) 정작, 딱히

4) 무턱대고, 통   5) 한사코, 마냥

2.

1) 말아서, 따끈한   2) 끓인, 삶아요   3) 담백해서, 푸짐하게

4) 질겨서, 씹기, 식었더라고요

3.

1) 중요한 약속을 한 번 어겼기로서니 어떻게 다시는 얼굴도 보기 싫다고 말할 수가 있어요?

2) 손님들을 위해 오랜만에 솜씨를 좀 발휘한답시고 전통 음식을 준비하려다가 고생만 했지 뭐예요?

3) 연명 치료를 받다가 비참하게 죽을 바에는 가족들 앞에서 편안히 눈을 감고 싶다.

4) 10년 이상 키우던 고양이를 안락사시켰는데 그건 정말 못할 노릇이더라.

5) 단체 사진을 카톡에 올리지 말라고 누누이 말했건만 왜 자꾸 올리는 걸까?

4.

1) 오죽 답답했으면 다 내려놓고 시골로 갔을까?

2) 모르는 사람하고 먹자니 어색하고 혼자 먹자니 좀 심심하네.

3) 일단 한번 해 보고서 대답해도 되잖아. 해 보지도 않고서 왜 그래?

4) 뻔뻔하기 짝이 없는 사람이야.

5) 찬성한다는 듯이 (반대한다는 듯이)

제13과

1.
1) 허둥대지 2) 안일해서 3) 현명하지요 4) 단단하게

2.
1) ③ 2) ④ 3) ① 4) ②

3.
1) 철석같이 2) 차단하는 3) 대처할 4) 대피했다

4.
1) 준비를 철저히 한 터라
2) 다 출동을 시킨 터라
3) 방송을 통해 널리 알려진 터라
4) 법적으로 금지되어 있는 터라

5.
1) 네, 이 지역에서 지진이 처음 일어난 터라
2) 불법 주차된 차들로 진입로가 꼭 막힌 터라
3) 자취 생활을 오래 해 온 터라
4) 몇 달째 비가 오지 않아 날씨가 건조한 터라 화재 사고가 많습니다.
5) 사상자 수가 워낙 많은 터라 신원 확인에 시간이 좀 걸릴 것 같습니다.

6.
1) 알 턱이 없지요.   2) 모를 턱이 없어요.
3) 설명했을 턱이 없어요.   4) 좋아 보일 턱이 없어요.
5) 굴러갈 턱이 없지요.

7.
1) 성공할 턱이 없어요.
2) 맛있을 턱이 없지요.
3) 결과가 좋을 턱이 있겠어요?
4) 불만이 있을 턱이 없지요.

제14과

1.
1) 제치고, 제치고 2) 쓰러져서, 쓰러졌다고
3) 취하면, 취하려고

2.
1) 되찾고 2) 되돌아보는 3) 되살아나고 4) 되돌릴 수

3.
1) ④ 2) ③ 3) ② 4) ①

4.
1) 식당에서 혼자 일을 하니까 주문받으랴 테이블 치우랴 정신이 하나도 없어요.
2) 명절 때가 되면 주부들은 시장 보랴 음식 준비하랴 고생이 많아요.
3) 봄맞이 대청소를 했는데 겨울옷 정리하랴 구석구석 쌓인 먼지 닦으랴 힘들었어요.
4) 한국말을 처음 배울 때는 발음에 신경 쓰랴 문법 생각하랴 말하는 게 힘들었어요.
5) 근무지를 옮기니 상황 파악하랴 새로운 업무 익히랴 한동안 정신 못 차리겠더라고요.

5.
1) 연구하랴 논문 쓰랴
2) 어린이날 챙기랴 어버이날 선물하랴
3) 여행 다니랴 취미 생활하랴
4) 동생들 공부시키랴 부모님 모시랴

6.
1) 가수 생활 10년 만에 내놓는 앨범이니만큼 심혈을 기울여 제작했습니다.
2) 병이 완치되었지만 재발의 위험성이 있으니만큼 정기적으로 검사를 받으셔야 합니다.
3) 두 분이 이 재단의 설립자이니만큼 누구보다 애착이 클 것이다.
4) 본인이 범인이라는 명백한 증거가 나왔으니만큼 이제는 인정하고 자백해야 합니다.
5) 약의 부작용이 명백히 밝혀졌으니만큼 판매를 즉시 중단해야 합니다.

7.
1) 최선을 다했으니만큼 2) 두께가 도톰하니만큼
3) 다수결에 의해 정해졌으니만큼 4) 선구자이니만큼

제15과

1.

1) 갓길   2) 희생자   3) 가시거리   4) 상행선   5) 서행

2.

1) 애를 썼으나   2) 애가 타게   3) 애를 먹고

3.

1) 들이받는   2) 잇따르던   3) 뒤엉키면서   4) 끔찍한

4.

1) 수납공간이 부족해서 있는 물건도 하나씩 정리해야 하는(= 할) 판에 뭘 또 사려고 해요?
2) 겨울이 다 지나가고 있는 판에 무슨 겨울 코트를 산다고 그러세요?
3) 지금 실력으로는 토픽 초급 합격도 어려운 판에 중급 시험을 보라니요?
4) 장사가 안 돼 파리만 날리고 있는 판에 월세를 또 올린다고하네요.
5) 오래 농사짓던 사람도 미래가 없다고 떠나는 판에 귀농해서 농사를 짓겠다니요?

5.

1) 세상에. 자기 나라말도 제대로 못하는 판에 무슨 외국어예요?
2) 그러게요. 모든 죄가 명명백백하게 드러난 판에 왜 저렇게 버티는 걸까요?
3) 정말요? 발 벗고 나서서 도와줘도 모자랄 판에 외면을 하다니.
4) 그러게요. 우리도 쪼들리는 판에 돈 쓸 일이 또 생겼네요.

6.

1) 자연재해야말로 인간의 힘으로는 도저히 어쩔 수 없는 천재지변입니다.
2) 안전띠 착용이야말로 교통안전을 위해 우리가 지켜야 할 가장 기본적인 의무입니다.
3) 로봇이야말로 미래 사회가 어떻게 변할지 가장 잘 보여 주는 상징적인 존재이다.
4) 출산율 감소야말로 당장 조치를 취하지 않으면 안 될 심각한 문제라고 생각합니다.
5) 상대방의 얘기를 잘 듣는 것이야말로 타인과 소통을 잘하기 위한 첫걸음이라 할 수 있다.

7.

1) 교사야말로   2) 환경문제야말로   3) 치매야말로
4) 건강이야말로

제16과

1.

1) 꼽을   2) 덤비는   3) 눈여겨보고   4) 소신   5) 떠오르지

2.

1) 조바심   2) 경쟁심   3) 허영심   4) 자만심   5) 노파심

3.

1) 절망감   2) 존재감   3) 우월감   4) 자족감   5) 포만감

4.

1) 옆 차선 운전자들이 갑자기 끼어드는 통에 무서워서 운전을 못하겠어요.
2) 요즘 시도 때도 없이 폭우가 쏟아지는 통에 농사 일이 너무 힘들어졌어요.
3) 사람들이 뛰어다니고 야단법석을 떠는 통에 우리도 불안해서 몸을 피했습니다.
4) 처음 본 사람이 사생활에 대해 이것저것 캐묻는 통에 정말 짜증이 났어요.

5.

1) 여러 일들이 한꺼번에 터지는 통에
2) 네, 그런데 틈만 나면 놀러 가지고 하는 통에
3) 사람들이 재촉을 하는 통에
4) 모기가 무는 통에

6.

1) ④   2) ①   3) ⑥   4) ③   5) ⑤

7.

1) 들은 바에   2) 맡은 바   3) 비할 바가   4) 어찌할 바를

제17과

1.
1) 걸맞게 2) 얹혀살다 보니 3) 펼쳐지기를
4) 진전되지 5) 기댈

2.
1) 떨칠 2) 꾸리는 3) 떨치고 4) 꾸려

3.
1) 손을 벌릴 2) 손을 쓸 3) 손을 뻗쳤대요 4) 손을 놓고

4.
1) 매일매일 뼈 빠지게 일해 봤자 대출 이자 갚느라고 돈을 모을 수가 없어요.
2) 돌아가신 어머님 영정 앞에서 아무리 울어 봤자 무슨 소용이 있겠어요?
3) 암이 온몸에 퍼진 탓에 수술을 해 봤자 가망이 없다고 해서 포기했어요.
4) 집이라고 해 봤자 방 한 칸밖에 없는 조그만 집이에요.

5.
1) 많이 와 봤자 2) 후회해 봤자 3) 한 장 사 봤자
4) 반 숟가락 넣어 봤자

6.
1) 옷을 뒤집어 입고 나왔는데 다행히 밤이라 어두웠기에 망정이지 (하마터면) 창피당할 뻔했어요.
2) 골키퍼가 신들린 것처럼 상대 골을 다 막아냈기에 망정이지 (안 그랬으면) 우리가 질 뻔했어요.
3) 지진이 났을 때 건물이 무너졌는데 그 안에 사람이 없었기에 망정이지 (하마터면) 피해가 클 뻔했어요.
4) 서둘러 과실을 수확했기에 망정이지 (안 그랬으면) 농사를 망칠 뻔했어요.
5) 손님이 채식주의자인 걸 미리 알았기에 망정이지 (하마터면) 고기 요리만 준비할 뻔했다.

7.
1) 우산과 우비를 챙겼기에 망정이지
2) 달려가 있었기에 망정이지
3) 차가 별로 없었기에 망정이지 사고 날 뻔했어요.
4) 승객들이 안전벨트를 했기에 망정이지

제18과

1.
1) 묘미 2) 현지인 3) 굴레 4) 자양분

2.
1) 새겨듣다 2) 가려듣다 3) 흘려듣다 4) 주워듣다
5) 흘려듣지, 새겨듣는 6) 주워들은, 가려들어야

3.
1) ③ 2) ① 3) ② 4) ④

4.
1) ④ 2) ③ 3) ⑤ 4) ② 5) ①

5.
1) 맨날 불량배들하고 어울리더라니.
2) 피땀 흘려 일하더라니.
3) 허구한 날 거짓말만 일삼더라니.
4) 어쩐지 급하게 하는 것 같더라니.

6.
1) 남편의 아내에 대한 헌신적인 사랑은 영화에 나올 법한 이야기였어요.
2) 생활고에 시달리는 친구의 부탁을 들어줄 법한데도 그는 냉정하게 거절했어요.
3) 범죄자의 최후 진술은 동정을 살 법도 했으나 배심원들은 냉정하게 판결을 내렸습니다.
4) 자존심이 센 사람이라 기분 나쁘면 따질 법도 한데 소란 피우기 싫은지 조용하더라고요.

7.
1) 흔한 일은 아니지만 있을 법한
2) 글쎄요, 얼굴도 잘생기고 재능도 있어서 뜰 법한데
3) 세월이 지나면 잊어버릴 법한데
4) 짜증이 날 법도 한데

복습 (제13과~제18과)

1.
1) 악착같이 2) 느닷없이 3) 문득문득 4) 얼떨결에
5) 자칫 6) 모쪼록 7) 우왕좌왕

2.

1) 어련히   2) 공정하게   3) 급박한
4) 애매모호한   5) 쪼들리는   6) 안일한

3.

1) 훈련을 해 온 터라   2) 모자랄 판에
3) 보고된 바로는   4) 뛰어봤자
5) 새겨들었었기에 망정이지

4.

1) 대학 등록금을 마련하느라고 방학 때마다 아이들을 가르치랴 편의점에서 아르바이트하랴 바쁘게 지냈어요.
2) 무엇보다 현지인과 함께 지낸 며칠간의 여행이야말로 문화가 다른 사람들을 진심으로 이해할 수 있는 멋진 경험이었어요.
3) 재난 구조 활동은 위험이 따르고 전문성이 요구되는 일이니만큼 아무나 할 수는 없다.
4) 기업은 탈세를 일삼고 관료들은 썩을 대로 썩었으니 나라 경제가 좋아질 턱이 없습니다.
5) 평소에 앉는 자세가 바르지 않더라니.

제19과

1.

1) 밋밋했다   2) 거슬렸다   3) 들떠서   4) 반질반질하게

2.

1) 까칠하다면서   2) 매끄럽게   3) 끼어   4) 은은하게
5) 까칠해졌구나   6) 매끄럽지   7) 끼고

3.

1) 한결   2) 갓   3) 한결   4) 갓

4.

1) 비가 그칠락 말락 해요.
2) 산꼭대기에서 우리 집이 보일락 말락 해요.
3) 초등학교 친구의 이름이 기억날락 말락 해요.
4) 선반 위의 물건이 떨어질락 말락 해요.
5) 키가 커서 머리가 천장에 닿을락 말락 해요.

5.

1) 구름이 짙게 끼어서 구름 사이로 보일락 말락 해요.
2) 밑바닥에 조금 남아서 한 방울 나올락 말락 해요.
3) 발목이 보일락 말락 하는

4) 이제 겨우 이익이 날락 말락 해.

6.

1) 크게 숨을 쉬고 깊게 호흡하노라면
2) 가끔씩 기분 전환으로 여행을 하노라면
3) 정성을 들여서 키우노라면
4) 가을이 되어 열매 맺는 것을 보노라면
5) 욕심과 집착을 버리고 항상 즐거운 마음으로 사노라면

7.

1) 짜증이 날 때가 많아요.
2) 생각지 못한 일이 많이 생깁니다.
3) 언젠가는 이루어질 거예요.
4) 옛 추억이 떠오릅니다.
5) 별들이 쏟아질 것 같다는 생각이 듭니다.

제20과

1.

1) 쓰립니다   2) 뻐근해요   3) 곪아   4) 쑤시고
5) 삐끗했어요

2.

1) ①   2) ②   3) ⑤   4) ④

3.

1) 뭉친   2) 뻣뻣하지   3) 뻣뻣하게   4) 뭉쳐서

4.

1) 성격도 괴팍하고 태도도 건방진 사람이 왜 여자들에게 인기가 있담.
2) 첫 아이를 낳은 지 10년이 지났는데 이제 와서 어떻게 둘째를 낳는담.
3) 일이 산더미 같이 쌓여 있는데 누구한테 도와 달라고 한담.
4) 여름에 30도가 넘는 작업장에서 에어컨도 없이 어떻게 온종일 일한담.
5) 어제 마사지도 받았고 스트레칭도 했는데 왜 계속 다리가 땅긴담.

5.

1) 어떻게 지금보다 더 훈련을 한담.
2) 어떻게 오늘까지 마무리를 한담.
3) 그럼 누구한테 통역을 맡긴담. (어떻게 한담.)

4) 그럼 어느 동네를 알아본담.

6.
1) 도시에서 버티다 못해 고향에 내려와 농사를 짓기로 했어요.
2) 그 사람의 얼굴은 병색이 완연하다 못해 금방이라도 쓰러질 것만 같았어요.
3) 제 친구는 직장 상사의 괴롭힘을 참다 못해 끝내 사직서를 내고 말았어요.
4) 몸살이 났는지 온몸이 쑤시다 못해 바늘로 콕콕 찌르는 듯 마구 아팠어요.
5) 우리 언니는 예민하고 깔끔하다 못해 마치 결벽증이 있는 것 같아요.

7.
1) 네, 애완견을 너무 예뻐하다 못해
2) 어린아이들을 데리고 매년 이사를 다니다 못해 무리해서 집을 샀어요.
3) 너무 감격스럽고 기쁘다 못해 울음을 터트렸어요.
4) 허구한 날 도박을 하다 못해 마약을 했대요.

제21과

1.
1) 뿌듯했다   2) 소름 끼칠   3) 순탄하게
4) 낙담하지   5) 막막해요   6) 허전한

2.
1) 벅찬   2) 어림없는   3) 벅찬   4) 어림없지   5) 벅찹니다

3.
1) 한밤중에 화재경보기가 울리는데 너무 급하고 당황한 나머지 잠옷 바람으로 뛰쳐나왔어요.
2) 그 사람 말에 너무도 격분한 나머지 두 주먹을 불끈 쥐고 부르르 떨었어요.
3) 아들의 합격 소식에 너무 기쁜 나머지 동네 사람을 다 초대해서 잔치를 벌였어요.
4) 요즘 숨 쉴 틈도 없이 바쁜 나머지 중요한 약속을 깜빡해서 큰 실수를 했습니다.
5) 선수들이 지나치게 승부에만 집착한 나머지 반칙이 난무하고 부상자도 속출했어요.
6) 후보들은 선거에 이기기에만 급급한 나머지 서로 비방하고 가짜 뉴스를 만들어 냅니다.

4.
1) ④   2) ①   3) ⑥   4) ③   5) ⑤

5.
1) 새로 난 길을 따라 걷노라니까 못 보던 상점들이 하나둘 눈에 들어왔다.
2) 그의 무례함과 불손함을 계속 참고 있노라니까 속에서 화가 치밀어 올랐어요.
3) 한 달 동안 지출 항목을 꼼꼼히 기록하노라니까 나도 모르게 절약을 하게 돼요.
4) 몇 번 사람들에게 속아서 당하노라니까 사람을 쉽게 믿을 수가 없게 됐어요.
5) 오랫동안 가르치는 일을 하노라니까 자연히 말과 행동에서 선생 티가 나요.

6.
1) 돈을 안 쓰고 버는 대로 저축하노라니까 돈을 모으게 되더라고요.
2) 하루도 빼놓지 않고 술을 마시노라니까 간이 망가져 버렸어요.
3) 날마다 운동 삼아 계단을 오르내리노라니까 다리가 튼튼해졌어요.
4) 사람을 대하는 서비스업에 종사하노라니까 옷에 신경을 쓰게 되네요.

제22과

1.
1) 엄두를 내지, 엄두가 나지   2) 목청을 높였다, 목청이 터지게

2.
1) 꾸준히   2) 선뜻   3) 감히

3.
1) 접목해   2) 봉사하는   3) 여기면서   4) 부여하는
5) 베푸는

4.
1) 빼앗으려고 들자   2) 법으로 규제하려고 들면
3) 시도하려고 들지   4) 남 탓만 하려고 들지

5.
1) 하려 들지   2) 먹으려 들지   3) 기부를 하려 들면

4) 사려 들면   5) 가만히 있으려 들지

6.

1) 생각하건대 경제적인 여유가 없어도 마음만 먹으면 기부할
   수 있어요.
2) 장담하건대 이 블랙박스 영상만 있으면 재판의 흐름을 완전
   히 바꿀 수 있다고 확신해요.
3) 부탁드리건대 부디 초심을 잃지 말고 전진하셔서 선대의 기
   업 정신을 이어나가셨으면 좋겠습니다.
4) 바라건대 자신의 욕심을 앞세우기보다는 지역 주민을 행복하
   게 만들 수 있는 인물이 당선되었으면 좋겠어요.
5) 예상하건대 두 팀의 실력이 비슷해서 치열한 경기를 펼칠 것
   같습니다.

7.

1) 여러 증거를 종합해 보건대 피해자와 아주 가까운 사람이
2) 제 경험에 비추어 보건대 높임말 사용이 무척 어려웠던
3) 바라건대 처음 마음 그대로 서로를 존중하면서 살기를
4) 되돌아보건대 참으로 다사다난했던 한 해였다고

제23과

1.

1) 조율   2) 혜택   3) 집행

2.

1) 꺼림칙했지만   2) 담담하게   3) 칙칙해서   4) 뒤숭숭하다

3.

1) 정작   2) 영   3) 선뜻   4) 뻔히   5) 하필

4.

1) ④ 오래 못 만난 친구들 소식이 궁금하던 차에 동창회를 한
   다는 연락이 왔다.
2) ⑤ 속이 안 좋아서 뭘 먹을까 생각하던 차에 근처에 죽집이 오
   픈한 게 생각나서 죽을 한 그릇 사왔다.
3) ① 목돈이 생겨서 투자할 곳을 찾고 있던 차에 친구가 주식 투
   자를 권유하길래 시작했다.
4) ③ 짝사랑하는 사람에게 고백할 기회를 엿보고 있던 차에 마
   침 단둘이서 차를 마실 기회가 생겼다.
5) ⑥ 빵집을 차려 볼 생각으로 관심을 가지고 있던 차에 프렌차
   이즈 사업설명회를 한다길래 다녀왔다.

5.

1) 운동을 시작해볼까 하던 차에
2) 친구들이 하나둘 결혼하니까 마음이 조금 흔들리던 차에
3) 예전에 사업이 너무 힘들어서 접으려고 하던 차에
4) 요즘 되는 일이 없어 답답하던 차에

6.

1) 앞으로 이 친구와 다시 안 보게 되는 한이 있더라도 불법적인
   청탁을 들어줄 수는 없죠.
2) 회사 문을 닫게 되는 상황이 생기는 한이 있더라도 이런 부당
   한 요구에 절대 응할 수 없습니다.
3) 실패하는 한이 있더라도 내가 하고 싶은 일을 스스로 결정하
   고 결과에도 책임을 지려고 합니다.
4) 굶어 죽는 한이 있더라도 부정을 저지르지 않겠다는 의지가
   있어야 합니다.
5) 사실대로 말했다가 오히려 관계가 껄끄러워지는 한이 있더라
   도 다 털어놓기로 했어요.

7.

1) 다이어트 하다가 쓰러지는 한이 있더라도
2) 왕따가 되는 한이 있더라도
3) 네, 허탕을 치는 한이 있더라도
4) 제가 피해를 보는 한이 있더라도
5) 가진 돈을 다 쓰는 한이 있더라도

제24과

1.

1) 복지국가   2) 사회적 약자   3) 공공시설   4) 저상버스
5) 장벽

2.

1) 마련해야지요   2) 몰려   3) 마련해야   4) 몰렸다고

3.

1) 울퉁불퉁한   2) 들쭉날쭉하니까   3) 우물쭈물하다가는
4) 우락부락한

4.

1) 친구들이 괜히 오해할라. 회사 동료일 뿐이라고 분명히 말해.
2) 차 마시다가 입천장 델라. 너무 뜨거우니까 좀 식혀서 마시
   는 게 좋겠어.
3) 멋 부리다 감기 걸릴라. 봄이라고 해도 아직 쌀쌀하니까 너

무 얇게 입지 마.

4) 차일피일 미루다가 병을 키울라. 얼른 병원에 가서 검사받고 치료받도록 해.

5) 믿는 도끼에 발등 찍힐라. 나중에 후회하지 않게 잘 알아보고 투자해.

5.

1) 소매치기 당할라   2) 아이가 비뚤어질라

2) 망설이다가 놓칠라   4) 우산 놓고 내릴라

6.

1) 가족이 옆에 있은들 속마음을 터놓지 못하니 남이나 마찬가지예요.

2) 운전면허를 힘들게 딴들 운전할 차가 없는데 무슨 소용이 있어요?

3) 외국인인데 한국말을 잘한들 얼마나 잘하겠어요?

4) 내가 10년만 젊었던들 이 직장 때려치우고 새로운 일을 시도해 보는 건데.

5) 그 당시에 내가 범인이 아니라고 주장했던들 과연 내 말을 누가 믿어 줬겠어?

7.

1) 이제 와서 그런 생각을 한들 무슨 소용이 있어? 행복을 빌어 주기나 해.

2) 그렇지. 어디에 간들 여기보다 급여가 적겠어?

3) 무리하게 회사를 경영하지 않았던들 지금쯤 성공한 사업가가 되었을 텐데.

4) 글쎄, 아무리 컨디션이 좋았던들 세계 최고의 강팀을 어떻게 이기겠어?

복습 (제19과~제24과)

1.

1) 푹신푹신한, 반질반질해졌어요   2) 가려워서, 쓰렸어요

3) 순탄하게, 막막하기만   4) 어마어마해서, 엄두를 못 내고

5) 꺼림칙했으나, 담담한

2.

1) 감히   2) 하필   3) 술술   4) 무심히   5) 살짝   6) 끝내

7) 꾸준히

3.

1) ③   2) ⑤   3) ①   4) ④   5) ②

4.

1) 찔릴라   2) 들릴락 말락 한   3) 취한 나머지

4) 까먹다 못해   5) 말한들

5.

1) 왜 매번 약속을 안 지킨담.

2) 하나씩 해결하노라면 언젠가 해결이 될 거예요.

3) 아니요, 만나기만 하면 서로 헐뜯고 싸우려 들어요.

4) 인터넷을 검색하던 차에 싼 게 있길래 구입했어요.

5) 사표를 쓰는 한이 있어도 부당한 명령을 따를 수는 없어요.

제25과

1.

1) 부귀영화를   2) 심사숙고한   3) 왈가왈부하는

2

1) 지나친   2) 이르게   3) 지나칠

4) 이릅니다   5) 지나친   6) 이르는

3.

(자유작문)

4.

1) 도움이 필요해서 온 사람인 양 불쌍한 표정을 짓고 있더라.

2) 나를 좋아하는 양 호의를 베풀고 하는 게 부담스럽고 불편하니네.

3) 큰 공이라도 세운 양 의기양양한 그 사람의 태도가 눈에 거슬렸어요.

4) 충격을 받았는지 정신이 나간 양 멍하니 앉아 있더라.

5) 결혼이 인생의 전부인 양 목숨을 걸 필요는 없지 않을까요?

5.

1) 처음 듣는 양   2) 마치 새색시인 양

3) 대단한 상이라도 받은 양   4) 무슨 안 좋은 말이라도 들은 양

6.

1) 부부가 일심동체이어야 하거늘 서로 이해하지 못하고 싸워서야 되겠느냐?

2) 나라가 위기에 처했거늘 어찌 젊은이들은 구경만 하고 있단 말인가?

3) 동네 개도 다 아는 사실이거늘 어찌 너만 모른다고 잡아떼느냐?

4) 인간의 부귀영화가 모두 헛된 것이거늘 왜 그걸 모르고 욕심을 부리는가?

5) 벌레 하나도 함부로 죽이면 안 되거늘 하물며 인간의 목숨이야 오죽하랴?

7.

1) 모두가 평화를 기원하거늘

2) 티끌 모아 태산이거늘

3) 백지장도 맞들면 낫거늘

4) 외국인이 어떻게 다 맞혔을까?

제26과

1.

1) 점집, 점을 보러   2) 점치고   3) 점치는   4) 점쟁이

2.

1) 동지라고   2) 팥죽을 쑤어   3) 붉은   4) 물리친다고

3.

1) 쫓기며   2) 쫓아오는   3) 쫓겨나는   4) 쫓아내고

5) 쫓으려고

4.

1) 그 집이 새로 지은 집이것다, 교통도 편리하것다, 이사를 안 갈 이유가 없지 않아?

2) 요즘 잘나가는 IT업체이것다, 급여도 높것다, 당연히 인재들이 몰리겠지.

3) 아직 젊것다, 신체 건강하것다, 뭐가 두려워서 그러고 있는 건지 모르겠다.

4) 밥도 배불리 먹었것다, 준비도 다 되었것다, 슬슬 출발해 볼까?

5) 여행 계획도 세웠것다, 알바 자리도 구했것다, 방학이 기다려지는데.

5.

1) 자본금 넉넉하것다, 경험도 쌓였것다,

2) 인물도 안 빠지것다, 능력 있것다,

3) 일도 힘들지 않다, 경력자로 대우해 주것다,

4) 긴 휴가도 받았것다, 외국에 지인들도 많것다,

6.

1) 손 없는 날이라는 게 진짜로 있다손 치더라도 나는 그런 걸 따를 생각이 없어.

2) 경험이 없어서 그렇다손 치더라도 노력하려는 자세마저 볼 수 없으니 실망입니다.

3) 부하 직원의 실수라손 치더라도 상사로서 책임을 회피하려는 자세는 옳지 않아요.

4) 백 프로 그 사람이 잘못했다손 치더라도 너무 심하게 말하면 기분 나빠할 거예요.

5) 아무리 물가가 많이 올랐다손 치더라도 버는 돈을 생활비로 다 쓴다니 말이 안 돼요.

7.

1) 손이 빠르다손 치더라도

2) 수술이 성공한다손 치더라도

3) 미신이라손 치더라도

4) 실력이 모자란다손 치더라도

제27과

1.

1) ①   2) ③   3) ②

2.

1) 지난번 일을 다시 문제 삼는 것은 별로 좋지 않은 것 같아요.

2) 이번 패배를 전화위복의 계기로 삼아서 더 노력한다면 희망이 있습니다.

3) 취미 삼아서 그리는 거예요.

3.

1) 넘기다   2) 넘어서   3) 넘치는   4) 넘어가면   5) 넘기는

4.

1) 1월이라 그런지 점을 보러 사람들이 많이 왔데.

2) 신랑 신부가 긴장하지도 않고 잘 웃데. (신랑 신부가 긴장하지도 않고 잘 웃으니 보기 좋데.)

3) 공연장의 음향 시설 같은 게 잘되어 있데.

5.

1) 지훈이는 바깥출입도 안하고 집에서 뭐 하고 있디?

2) 두 사람의 궁합이 나쁘다고 하지 않디?

3) 선생님이 숙제를 많이 내주시디?

6.

1) 춥지 않디? 추운 줄 모르겠데. (하나도 안 춥데)

2) 어떻디?(맛있디?), 그렇게 맛있지는 않데.(역시 맛있데.)

7.

1) 불만요? 당연히 내가 해야 할 일이려니 생각하면서 일하고 있는데요.

2) 시간이 지나면 해결되려니 하고 있었는데 아니더라고요.

3) 친구의 행동이 이해 안 가지만 나름대로 이유가 있어서 그랬으려니 하고 있어요.

4) 자식이 잘못을 하면 내가 잘못 가르친 탓이려니 생각하는 부모들이 많아요.

5) 그 사람의 불손한 태도에 주위 사람들은 으레 그러려니 하고 넘어가는 수밖에 없어요.

8.

1) 처음엔 장난이려니

2) 천생연분이려니

3) 아무 일 없으려니 하고 있어요.

4) 좋은 이름이려니 하고 있어요.

<h2 style="text-align:center">제28과</h2>

1.

1) ③ 2) ⑤ 3) ① 4) ⑥ 5) ④ 6) ②

2.

1) 하루아침에 2) 조만간 3) 심지어 4) 더러

3.

1) 집중하는, 집착하지 2) 영향력이, 분별력이

4.

1) 요즘 SNS 때문에 문제가 좀 많이 생겨요? 그래서 저는 아예 안 보고 살아요.

2) 그 가수가 발표한 곡이 좀 많아야죠. 다 기억하지도 못할 것 같아요.

3) 조종사가 되려면 조건이 좀 까다롭습니까? 그걸 통과한 사람입니다.

4) 그 친구 자존심이 좀 세야지요. 설득하느라 애 좀 먹었습니다.

5) 새벽부터 눈이 좀 많이 왔어요? 한라산은 출입 통제가 됐을 거예요.

5.

1) 자기 관리가 좀 철저해야죠.

2) 경쟁이 좀 치열해야지.

3) 인터넷 댓글로 상처를 좀 많이 받았습니까?

4) 그분이 주식에 손을 댔다가 돈을 좀 많이 날렸어요?

6.

1) 그 사람은 황소고집이어서 한번 하겠다고 하면 아무도 말리려야 말릴 수가 없다.

2) 생산을 중단한 지 오래된 자동차여서 부품을 구하려야 구할 수가 없다.

3) 이미 암세포가 몸 전체로 퍼져 있어서 손을 쓰려야 쓸 수가 없는 상태였다.

4) 부당한 일을 겪어도 항의하면 회사를 그만둬야 하니까 얘기하려야 할 수가 없다.

5) 아무리 감추려야 감출 수가 없는 게 사랑과 재채기래요.

7.

1) 끊으려야 끊을 수가 없어요.

2) 인터넷 댓글이나 정보를 안 보려야 안 볼 수가 없어.

3) 드라마를 안 보려야 안 볼 수가 없어.

4) 장사를 하려야 할 수가 없어.

<h2 style="text-align:center">제29과</h2>

1.

1) 들었다, 들어서 2) 가기, 가지 3) 잡지, 잡아도

2.

1) 도대체 2) 굳이 3) 밑도 끝도 없이 4) 여간해선

3.

1) 질리고 2) 난해해서 3) 취향 4) 개운해진 5) 흥행

4.

1) 물 흐르듯이 2) 서로 경쟁하듯이

3) 들여다보면 문제가 없는 가정이 없듯이

4) 늘 그랬듯이 5) 아까 말했듯이

5.

1) 밥 먹듯이 2) 물 쓰듯이 3) 불 보듯이

4) 번갯불에 콩 볶듯이

6.

1) 책을 보고 답안을 작성할 수 있되 시간은 엄수해야 한다.

2) 죄는 미워하되 사람은 미워하지 말라는 말이 있습니다.

3) 그 사건에 대한 영화를 제작하되 문제가 될 내용은 굳이 넣지 않는 것이 좋겠습니다.

4) 근무시간은 오후 6시까지로 하되 토요일은 오전 근무만 한다.

5) 남우주연상 후보에는 여러 번 올랐으되 아쉽게도 상을 타지는 못했다.

7.

1) 시간을 정해 놓고 하게 해 보세요.

2) 취소는 가능하되

3) 뭐든지 자유롭게 하기는 하되

4) 밥도 같이 먹고 공동생활을 하기는 하되

제**30**과

1.

1) ④ 2) ⑥ 3) ⑦ 4) ③ 5) ② 6) ① 7) ⑤

2.

1) 불티나게 2) 무작정 3) 딱히 4) 감칠맛 나게

3.

1) 먹는 2) 꺼려진다 3) 나누며 4) 다룬 5) 눌러도

4.

1) 돈 빌린 친구가 잠적을 해서 이자는 고사하고 원금도 못 받게 되었어요.

2) 독립해서 혼자 산 후로 애완동물은 고사하고 화분 한 개도 길러 본 적이 없어요.

3) 드라마 주연은 고사하고 조연으로라도 출연하고 싶은데 불러 주는 사람이 없다.

4) 부모님 생신에 진수성찬은 고사하고 미역국 한번 끓여 드린 적이 없네요.

5) 용의자 집 근처에서 잠복근무 중인데 용의자는 고사하고 사람 그림자도 안 보인다.

5.

1) 장학금은 고사하고 학점이 나빠 거의 낙제할 정도였어요.

2) 그런데 사과는 고사하고 자기변명만 한참 하고 가더라고요.

3) 장기 휴가는 고사하고 하루만 쉬었으면 좋겠네요.

4) 1위는 고사하고 꼴찌 안 하면 다행이에요.

6.

1) 갖다가 놓기가 무섭게 2) 해가 뜨기가 무섭게

3) 조금 회복되기가 무섭게 4) 잔을 채우기가 무섭게

7.

1) 한두 번도 아니고 내가 또 참을 줄 알아?

2) 연예계에서 성공하기가 쉬운 줄 알아?

3) 세상 사람들이 다 너 같은 줄 알아?

4) 운이 좋을 줄 알아?

복습 (제25과~제30과)

1.

1) 심지어 2) 조만간 3) 여간해서는 4) 기어이 5) 더러

2.

1) 질린, 질리지 2) 떼어, 떼어서는

3) 치러야, 치르는 4) 다루고, 다루기로 5) 삼아, 삼아

3.

1) 다음 달로 이사 날을 잡으시되 아무 날이나 하지 마시고 손 없는 날로 잡으세요.

2) 사람이라면 양심이 있는 게 당연하거늘 인간의 탈을 쓰고 어찌도 그리 악할까?

3) 두 사람이 궁합도 좋겠다, 보기에도 잘 어울리는 선남선녀이 것다, 결혼 날짜만 잡으면 되겠네.

4) 누구나 그렇듯이 물질의 욕심 앞에서는 자신을 통제하기가 쉽지 않은 법이다.

5) 안 좋은 일이 있어도 곧 나아지려니 생각하고 있으면 정말로 그렇게 돼요.

4.

1) 블로그에 올리기가 무섭게

2) 가 보려야 가 볼 수가 없게 되었어요.

3) 시청률이 안 나온다손 치더라도

4) 결혼하더니 세상을 다 얻은 양 (결혼하더니 너무 행복한 양)

5) 좀 시끄러워야지.